크리스천의
진정한 웰빙을 위한
인생의 사계절

웰빙

크리스천

안도현 지음

예영커뮤니케이션

크리스천의
진정한 웰빙을 위한
인생의 사계절

웰빙
크리스천

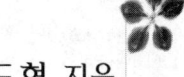

안도현 지음

인생을 사계절로 그려낸

웰빙 크리스천

지은이 · 안도현
펴낸이 · 김승태
초판 1쇄 찍은날 · 2004년 4월 20일
초판 1쇄 펴낸날 · 2004년 4월 25일
편집 디자인 · 프린트미디어(02-385-3267)
등록번호 · 제2-1349호(1992. 3. 31)
펴낸곳 · 예영커뮤니케이션
　　　　110-616 서울 광화문 우체국 사서함 1661
　　　　　출판유통사업부 T. (02)766-7912 F. (02)766-8934
　　　　　　　　E-mail: jeyoungsales@chollian.net
　　　　　출판사업부 T. (02)2264-7211 F. (02)2264-7214
　　　　　　　　E-mail: jeyoungedit@chollian.net

ISBN 89-8350-315-7

값 9,000원

■ 잘못 만들어진 책은 언제든지 교환해 드립니다

차례

제2부 웰빙 크리스천의 여름

제6장 만남과 결혼

진정한 웰빙을 위하여

지난 13년 동안 목회 하던 풍동, 이제는 재개발로 옛 모습을 찾아볼 수 없게 되었습니다. 그러나 아름다운 풍동의 자연은 마음 속에 잊을 수 없는 인상으로 남아 있습니다.

야트막한 산자락으로 둘러싸인 마을, 큰 길에서 5백여 미터 산길을 따라 들어와야 만날 수 있는 풍동 마을 안에는 옛 모습을 간직한 1백여 채의 가옥들이 남아 있었습니다. 일산 신도시를 십분 거리에 두고 있는 감추어진 한 시골 동네 풍동, 그래서 우리 교회를 찾아온 사람들마다 "어, 이곳에 이런 곳이 있었네!"하고 어리둥절해 했습니다.

도심에서는 삭막한 시멘트 구조물로 둘러싸여 있어 자연과 접촉할 기회가 별로 없습니다. 계절의 변화를 쉽게 느끼지 못합니다. 그러나 풍동에서는 계절에 따라 새 옷으로 갈아입는 자연의 변화무쌍함과 그 아름다움을 뚜렷이 보고 느낄 수 있었습니다.

봄이 되면 교회로 들어오는 길 양옆에는 개나리꽃이 만발하여 오는 사람을 환영하는 듯하고, 언덕을 넘으면 산 목련 한 그

루가 수천 마리의 학이 앉아 있는 것 같은 모습으로 아름답게 피어납니다. 이곳 저곳 피어난 이름 모를 꽃송이들을 바라보노라면 저절로 평안함이 깃드는 곳이었습니다.

여름이면 녹음이 우거지고 아무리 더운 날이라고 해도 산으로 둘러 있는 교회는 에어컨 없이도 예배를 드릴 수 있을 정도로 선선했습니다. 주일이면 나무 그늘 평상에 둘러앉아 성경공부를 했습니다. 시원한 매미 소리, 한밤중의 소쩍새의 울음소리는 우리의 마음을 차분하게 해주었습니다.

코스모스가 한들거리는 가을이 되면, 야산 밤나무에서는 알밤들이 떨어지고 교회 마당 상수리나무에는 굵은 도토리가 여물어 갔습니다. 그 덕분에 매년마다 손수 도토리묵을 만들어 먹을 수 있었습니다.

겨울에는 매서운 바람에 낙엽이 흩날리고, 길게 드리워진 그림자가 을씨년스럽지만 눈송이가 내릴 때면 교회 주변의 나무들마다 눈이 시리도록 아름다운 눈꽃을 피우며 환상적인 모습을 연출했습니다.

이러한 자연의 변화를 바라보면서 우리의 인생의 각 단계를 생각해 보았습니다. 자연의 순환과 자연의 법칙들은 우리의 삶을 주관하시는 하나님의 섭리를 이해하는데 도움이 됩니다.

우리 인생에도 사계절이 있습니다. 아이들은 봄의 새싹과 같습니다. 봄을 대표하는 청소년들은 싱싱한 푸른 잎처럼 생각됩니다. 청년들은 한 여름의 태양과 같고, 장년기는 가을의 풍성한 열매와 아름다운 단풍과 같고, 노년기는 낙엽이 떨어지는 쓸쓸한 겨울과 같습니다.

제 인생의 봄은 '보릿고개'를 힘겹게 넘어가던 때였습니다. 그런데 우리 사회는 어느새 삶의 질을 추구하는 웰빙시대를 맞이했습니다. 최근 모든 분야에 웰빙이라는 말이 반영되고 있는 것을 보면서 웰빙에 대한 관심이 어느 정도인가를 실감합니다.

인간답게 사는 것은 인간에게 주어진 권리입니다. 하지만 그것이 지나쳐 호화스러움을 추구하는 것이라면 문제입니다. 진정한 웰빙의 전형은 성경에 명시되어 있습니다. 한마디로 자족이며, 일상 속에서 작은 행복을 찾는 것입니다.

크리스천은 성경적 가치관을 가지고 크리스천다운 삶을 살아야 합니다. 교회 안에서만 크리스천이 아니라 어느 때 어느 곳에서나 예수의 향기를 나타내야 합니다. 인생의 단계마다 직면하는 문제들을 다루는데 있어서도 크리스천다워야 합니다.

나는 이러한 크리스천을 '웰빙 크리스천'이라고 부르고 싶습니다. 이 책에서는 크리스천의 삶의 양식(樣式)을 사계절로 구분하고, 각 단계를 어떻게 맞이하고, 또한 어떻게 살아가야 할 것인지 제시하고 있습니다. 진정한 웰빙을 소망하는 분들에게 조금이나마 도움이 되기를 바라며, 하나님께 감사를 드립니다.

2004년 봄날
일산 풍동에서 안 도 현 목사

웰빙 크리스천의 봄

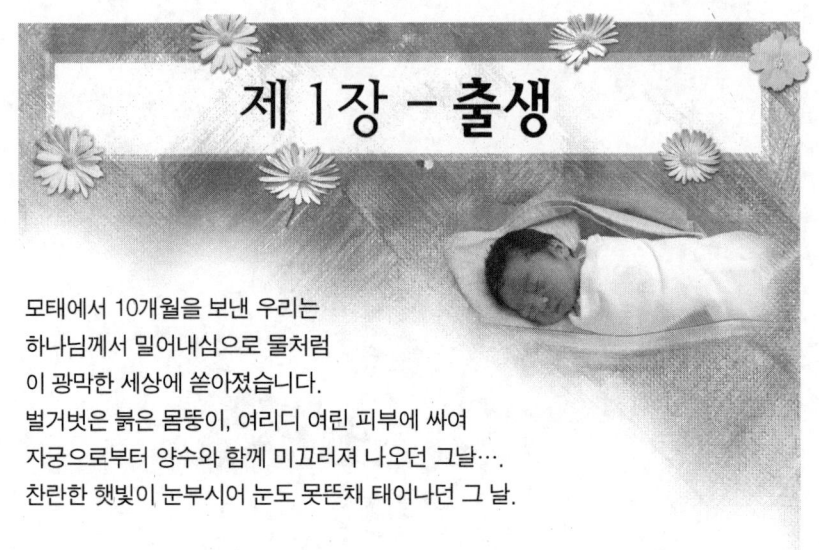

제1장 - 출생

모태에서 10개월을 보낸 우리는
하나님께서 밀어내심으로 물처럼
이 광막한 세상에 쏟아졌습니다.
벌거벗은 붉은 몸뚱이, 여리디 여린 피부에 싸여
자궁으로부터 양수와 함께 미끄러져 나오던 그날….
찬란한 햇빛이 눈부시어 눈도 못뜬채 태어나던 그 날.

출생의 신비

　　모진 비바람 눈보라 속 겨울을 어떻게 이겨낸 것일까? 봄이
되면 대지는 생명의 기운으로 약동합니다. 연약해 보이는 새싹
들이 굳은 땅을 뚫고 올라와 온 세상을 초록으로 뒤덮습니다.
　　수많은 생명체들은 살아 있음의 노래를 부르기 시작하고 온
몸 가득히 느낄 수 있는 신비한 생명력은 우리들의 삶 속에 강
한 희망을 갖게 합니다.
　　물오른 나뭇가지가 싱그럽습니다. 겨우내 죽은 듯 침묵하던
가지에서 목련이 피어나고 진달래, 개나리가 필 때면 삶에도 생

기가 돋니다. 그러다가 활짝 피어 그야말로 만개한 꽃봉오리를 보면 더 없는 환희와 기쁨을 느낍니다.

꽃향기를 따라 나비와 벌들이 모여들고, 숲이 우거진 마당가에 가끔씩 날아드는 새들은 귀한 손님들입니다. 인생의 고달픔에 지쳐 있다가도 자연의 아름다움에 젖어들면 어느새 힘이 솟아납니다.

하나님의 지혜

바울은 "창세로부터 그의 보이지 아니하는 것들 곧 그의 영원하신 능력과 신성이 그 만드신 만물에 분명히 보여 알게 되나니"(롬 1:20)라고 했습니다.

우리가 영적인 눈이 어두울 때에는 눈이 있어도 보지 못하고, 귀가 있어도 듣지 못하던 하나님의 창조의 손길과 하나님을 향한 자연의 찬양이, 구원받은 후에는 보이고 들리기 시작합니다.

그 어떤 생명체 하나라도 신비롭지 않은 것이 없습니다. 생명에 대한 신비감은 곧 만물의 창조주 하나님께 대한 경외심으로 이어집니다.

"그의 능하신 행동을 인하여 찬양하며 그의 지극히 광대하심을 좇아 찬양할찌어다"(시 150:2)

절로 하나님을 향한 찬양이 우러납니다.

진화론자들은 생명체가 우연히 만들어지고 그것이 진화되어

오늘의 세계가 존재하게 되었다고 말합니다. 그러나 성경은 "태초에 하나님이 천지를 창조하시니라"(창 1:1)는 선언으로 시작되고 있습니다.

기독교 신앙은 창조 신앙으로부터 시작됩니다. 우리의 신앙은 창조 신앙에서부터 그 기초를 쌓아가야 합니다. 하늘의 해와 달과 별들 뿐 아니라 야산의 이름 모를 들풀, 조그만 벌레, 바다 속의 플랑크톤 하나에 이르기까지 모든 생명체는 하나님의 계획에 의해서 만들어졌습니다. 하나님의 지혜는 끝도 없어 가히 헤아릴 수 없습니다.

하나님의 신비로운 손길

우리 인간도 하나님께서 만드신 수많은 생명체 중의 하나입니다. 인체 내의 혈관 길이를 모두 합치면 뉴욕에서 샌프란시스코까지의 거리만큼 길다고 합니다. 우리 몸의 피는 그 길을 타고 한 시도 쉬지 않고 구석구석 돌아다니며 필요한 영양분을 공급해 줘 생명력을 유지해주고 있습니다.

일찍이 아리스토텔레스는 우리 인간을 가리켜 '소우주'라고 표현했습니다. 최근 완성된 인간의 게놈 지도를 보면 너무 정교하게 되어 있습니다. 하나님의 지혜가 아니고서는 도저히 불가능한 일입니다. 우리 인생의 소중함은 생명을 주관하시는 하나님의 손길을 생각할 때 더욱 분명해집니다.

시편 기자는 "주께서 내 장부를 지으시며 나의 모태에서 나를 조직하셨나이다 내가 주께 감사하옴은 나를 지으심이 신묘막측하심이라 주의 행사가 기이함을 내 영혼이 잘 아나이다"(시 139:13~14)라고 했습니다. 우리 인간의 존재는 참으로 신묘막측합니다.

과학의 발전으로 우리는 신비로운 하나님의 손길을 볼 수 있게 되었습니다. 우리 인간은 정자와 난자의 만남을 통해 탄생합니다. 부부가 아이를 갖게 될 때 남자의 몸에서 보통 2억 개의 정자가 배출되고, 여자의 자궁 안에서 만들어지는 오직 하나의 난자와 가장 힘 있는 하나의 정자가 결합하게 됩니다. 이렇게 수많은 정자와 하나님께서 예비하신 난자를 하나님께서 지명하여 부르심으로써(사 43:1) 하나의 생명이 만들어지게 됩니다.

우리의 생명이 어머니의 자궁에서 수태되던 순간. 수태후 3~4개월이 되면서 어머니 자궁 속에서 쭈그린 채 꿈틀거리는 태아의 모습.

모태에서 10개월을 보낸 우리는 하나님께서 밀어내심으로 물처럼 이 광막한 세상에 쏟아졌습니다. 벌거벗은 붉은 몸뚱이, 여리디 여린 피부에 싸여 자궁으로부터 양수와 함께 미끄러져 나오던 그날…. 찬란한 햇빛이 눈부시어 눈도 못뜬채 태어나던 그 날.

어머니의 뺨을 만지려는 아기의 손은 앙증맞도록 귀엽고, 손가락은 너무나도 부드럽습니다. 어머니의 눈을 빤히 쳐다보며

젖을 빠는 아기의 눈동자는 맑고 고요해서 하늘의 평화가 그 안에 깃들어 있는듯 합니다.

보시기에 좋았더라

부모님은 우리가 태어나기 전 우리가 입을 옷을 마련해 놓으십니다. 행여나 때라도 묻을세라 고이 간직하십니다. 그리고 미소를 지으십니다. 우리가 태어난 후에는 걸어 다닐 날을 고대하면서 예쁜 신발을 마련하십니다. 그리고 그 신발을 매만지며 흐뭇해 하십니다. 마치 하나님께서 이 세상을 만드시고 '보시기에 좋았더라' 고 하셨던 것처럼……

하나님께서는 천지 만물을 만들어 가시면서 줄곧 '보시기에 좋았더라' 고 했습니다. 저 역시 나름대로 부모의 입장에서 '보시기에 좋았더라' 고 하셨던 하나님의 탄성을 이해합니다.

영광의 빛으로 가득한 천국에는 해와 달이 필요 없습니다. 그러나 하나님은 태초에 빛을 만드셨습니다. 그것은 우리에게 필요한 빛이요, 적합한 빛이기 때문입니다.

하나님에게는 땅도, 바다도 필요 없습니다. 그것은 인간들에게나 필요한 것들입니다. 하나님께서는 이 세상 만물을 만드신 후 가장 마지막으로 인간을 만드셨습니다. 이 세상 만물은 인간을 위해 마련된 삶의 환경입니다. 우리는 이러한 하나님의 놀라운 사랑 가운데 태어났습니다.

우리는 세상을 하나님의 사랑의 눈으로 바라볼 때 세상의 빛이어야 하는 자신의 모습을 볼 수 있을 것입니다.

출생의 의미

예수님은 길가, 돌짝밭, 가시덤불밭, 좋은 땅의 네 종류의 밭을 말씀하시면서 좋은 땅에 떨어진 씨앗만이 열매를 맺는다는 비유를 하셨습니다. 같은 씨앗도 밭에 따라 그 결과가 달라집니다. 아무리 좋은 씨앗이라도 좋은 땅을 만나야 열매를 맺을 수 있습니다.

우리 인생의 첫 만남은 부모와의 만남입니다. 나는 어린 시절 '나는 왜 이런 부모를 만났을까, 나는 왜 이런 가정에서 태어났을까?' 라는 의문을 가질 때가 있었습니다. 남들처럼 좋은 부모, 좋은 환경을 만나지 못한 것을 비관하기도 했었습니다.

누구에게나 깨어진 삶의 조각들이 있습니다. 우리는 그 조각들을 붙잡고 아파하지만 합력하여 선을 이루시는 하나님께서는 그 깨어진 조각들을 맞추어 아름다운 작품을 만드십니다.

던져진 존재인가

헨드릭 반 로온은 「인류의 역사」라는 책에서 이런 질문을 던지고 있습니다.

"우리는 누구인가? 어디에서 왔는가? 어디로 가는가?"

인류 역사와 더불어 줄곧 제기되어온 인간 존재에 대한 근본적인 물음입니다.

어떤 철학자는 우리 인간을 가리켜 '던져진 존재'라고 표현했지만 하나님은 우리가 이 세상에 태어나기 앞서 예정하시고 섭리하셔서 부모를 결정하고, 모태의 세계를 주관하셔서 때가 차면 이 세상의 빛을 보게 하십니다(사 44:2).

아이들이 속을 썩이면 부모들은 "어쩌다 저런 것이 태어나서 속을 썩이냐?"라고 폭언을 합니다. 이러한 말은 다분히 불신앙적입니다. 우리 인간은 어쩌다 태어난 것이 아니라 하나님의 계획 가운데 태어났습니다.

사도 바울은 "창세 전에 우리를 택하사"(엡 1:4)라고 말씀하고 있습니다. "왜 태어났니"라는 말을 들어야 할 사람은 한 사람도 없습니다.

광활한 초원과 맑은 하늘 아래서 한가로이 풀을 뜯는 소떼의 모습을 바라보면 마음이 편안합니다. 이름 모를 풀들이지만 그것들로 인해 동물들이 살아갑니다. 보잘것 없어 보이는 들풀조차도 존재의 사명이 있습니다.

이 세상 만물은 무엇이든지 나름대로 존재의 사명이 있습니다. 하물며 만물의 영장으로 지음 받은 인간은 말할 나위가 없습니다.

우연인가 섭리인가

하나님은 모세를 이스라엘 민족을 애굽에서 구원할 자로 택하셨습니다. 그러나 그는 사내 아이가 태어나면 물에 던져 죽이던 때에 태어났습니다. 모세의 준수함을 보고 그의 부모는 모세를 몰래 숨겨 길렀지만 아이의 울음소리가 커지면서 더 이상 숨겨 기를 수 없게 되었습니다.

하는 수 없어 모세의 부모는 갈대 상자를 만들어 그 안에 모세를 담아 나일 강변에 띄웠습니다. 때 마침 강에 목욕하러 나온 애굽 왕 바로의 딸에 의해 발견되어 양자를 삼아 왕자로 자라게 되었는데, 그의 누이의 지혜로 모세의 어머니는 모세의 유모가 될 수 있었습니다.

이 모든 일은 우연이 아니라 섭리입니다. 하나님의 완벽한 각본에 의해서 이루어진 일들이었습니다. 이 세상에 우연으로 여겨지는 일들이 많지만 사실 우연은 없습니다.

이 세상에 우연으로 보이는 일은 하나님께서 자신의 일을 익명으로 남기고 싶어하는 겸손이라고 하지 않습니까?

1968년 두 팔이 없고 한쪽 다리가 짧은 레나 마리아가 태어났을 때 레나가 태어난 병원에서는 "아기를 보호 시설에 맡기라"고 권유했습니다. 그러나 독실한 그리스도인인 레나의 부모는 잠시 아기를 바라본 후 이렇게 말했습니다.

"이 아이는 하나님이 주신 아이입니다. 이 아이에게는 가족이 필요합니다."

레나 부모의 말은 하나님께서 부모를 선택하여 아이들을 세상에 보내신다는 사실을 확신하게 합니다. 부모와 자식 간의 만남은 인간의 생사화복을 주장하시는 절대 주권자이신 하나님의 뜻과 계획 속에서 이루어진 것입니다.

레나만이 아닙니다. 누구에게나 만남에는 의미가 있습니다. 만남에는 하나님의 뜻이 있습니다. 우리는 이 만남의 의미를 발견해야 합니다. 빅터 프랭클은 아우슈비츠 죽음의 수용소에서 '왜 살아야 하는지 그 삶의 의미를 가지고 있는 사람은 어떻게 해서든지 살아 남을 수 있다' 는 사실을 경험했습니다. 의미를 발견하면 극한 상황 속에서도 살 수 있습니다.

하나님의 뜻

나는 아버지의 병을 고치기 위해 드린 서원 기도로 말미암아 주의 종이 되었습니다. 그러나 그것은 계기였을 뿐 이미 하나님은 나를 주의 종으로 계획하셨습니다.

1999년 3월 19일 건강 진단 차 병원에 갔다가 느닷없는 폐암 선고를 받았습니다. 나는 생사의 기로에서 하나님께 간절히 기도드렸습니다.

3월 30일 기도 중에 하나님께서는 "내가 너를 복중에 짓기 전에 너를 알았고 네가 태에서 나오기 전에 너를 구별하였고 너를 열방의 선지자로 세웠노라"(사 41:15~16)는 말씀을 주셨습니다. 나는 이 말씀을 묵상하는 가운데 지금까지 걸어온 길이 모두 다 하나님의 뜻이었음을 알게 되었습니다.

금강 상류에 위치한 나의 고향 마을은 바람이 시원하고 물이 맑습니다. 계곡 밑에서 노니는 고기들과 모래알까지 다 들여다보일 정도로 투명한 강물, 수백 미터의 강변 모래밭을 뛰어 다니며 놀았습니다. 어린 시절의 추억은 아름답습니다.

그러나 나의 기억의 화폭에는 낭만적인 그림만 남아 있는것이 아닙니다. 장남인 나는 부모님을 도와 낮에는 인삼밭에서 일하고, 시간 나는 대로 동생들을 돌봐야 했습니다. 새벽에는 눈을 비벼가며 논의 물길을 살펴야 했습니다. 어린 시절 어려웠던 기억들이 떠오르면 지금도 힘겹게 느껴집니다.

마을이 온통 유교적인 분위기였음에도 불구하고 마을에 교회가 있었습니다. 그러나 이웃집 사람들을 통해 나의 마음에 복음의 씨앗이 뿌려지고 결국 목사가 된 것을 생각할 때 그곳에서 태어나 자란 것 자체가 하나님의 계획이었고 부르심이었습니다.

출생의 목적

    우리 인생을 사계절로 비유할 때 청소년까지는 봄과 같은 시기입니다. 그래서 청소년 시기를 가리켜 '사춘기'라고 합니다. 사춘기 때는 사계절의 변화에 예민하여 조그만 변화에도 가슴이 미어지기도 하고 마르기도 합니다. 음성이 변하고, 몸이 자꾸 변합니다. 이성을 보면 공연히 마음이 설레이고 별것도 아닌 것에 마음이 심란해 집니다.

    청소년은 날마다 새로운 모습으로 자라나는 새싹과 같습니다. 새싹은 가꾸는 대로 그 모양을 만들어 갑니다. 청소년기는 자신을 만들어 가는 과정입니다. 이 세상 속에서 자신이 누구인가에 대한 분명한 이해, 즉 자아 정체감을 확립해야 하는 청소년 시기이기 때문에 청소년들에게는 '왜'라는 질문이 많습니다.

    청소년 시절 '나는 왜 이 세상에 태어 났을까?'라는 질문에 적절한 답을 얻을 수 있어야 합니다. 그래야만 올바른 가치관을 가지고 한 성숙한 인간으로서 가정을 이루고 사회를 위해, 그리고 하나님 나라를 위해 한 몫을 감당해내는 사람으로 살아 갈 수 있게 됩니다.

나의 사명

기독교 실존주의 철학자인 키에르케고르는 코펜하겐 대학의 신학생 시절, 그가 22세 되던 때에 일기에 이렇게 썼습니다.

"온 천하가 다 무너지더라도 내가 이것만은 꽉 붙들고 놓을 수가 없다. 내가 이것을 위해 살고 이것을 위해 죽을 수 있는 나의 사명을 발견해야 한다."

청소년기는 인생의 목적을 정립해야 하는 시기로서 이 때에는 사상이 필요합니다. 그런데 우리 나라에서는 대학에 가도 사상이 없다는 말을 합니다. 젊은이들이 삶에 대한 질문을 할 때 이에 답을 할 수 있는 사상이 실종되었다면 큰 문제입니다.

적어도 대학에 들어왔으면 청소년들이 가슴을 뜨겁게 하는 뭔가가 있어야 하는데 현실은 그렇지 못합니다. 서울의 신촌이 대학가임에도 불구하고 골목마다 유흥 향락 업소들이 즐비합니다. 무슨 까닭입니까? 젊은이들이 꿈을 잃어버렸기 때문입니다. 성경은 "꿈이 없는 백성은 망한다"고 말합니다. 꿈이 없으면 방종하게 되어 있습니다.

그래도 한 때 뭔가를 찾아보려고 했던 많은 젊은이들이 북한의 주체 사상에 빠져들고 목숨 바칠 것을 서약했습니다. 왜 이런 일들이 일어났습니까? 비록 잘못되었지만 거기에서는 적어도 인생의 목적을 말하고 있기 때문이었습니다.

혹자는 우리 나라에 사상이 없는 이유를 군사 문화 30년의 영향 때문이라고 말합니다. 가난하게 살아온 이 나라 백성들은 경제발전을 위해 군부 독재를 참고 살았습니다. 그러는 사이에 정신문화가 말살되어 버렸습니다.

요즘 젊은이들의 관심은 소위 3S, 즉 스포츠(Sports), 스크린(Screen), 섹스(Sex)입니다. 인기 있는 운동 선수나 연예인들이 우상입니다. 쾌락주의의 강풍이 곳곳에서 몰아치는 시대입니다. 마음 둘 곳 없는 청소년들은 술, 담배, 환각제, 음란물, 이성 등에 자기 자신까지 내팽개쳐 버리고 싶은 유혹의 바람에 휘청거리고 있습니다.

제대로 입지 못하고, 먹지 못하고 고생해서 그나마 살고 있고 있는 부모들로서는 요즘 청소년 자녀들이 맘에 들리 없습니다. 청소년을 둔 가정의 부모와 자녀 간의 불화는 가정에서 뿐 아니라 심각한 사회 문제로까지 등장하고 있습니다.

나는 살 자격이 있는가

인생의 참된 목적은 우리를 이 땅에 보내신 하나님과의 관계 속에서 발견됩니다. 하나님을 모르는 사람들에게는 부자가 되고, 인기를 얻고, 명예를 얻는 것이 인생의 목적이요, 관심사입니다. 그러나 영원한 구원을 얻은 성도들의 관심사는 하나님 나라를 확장하는 일과, 하나님의 영광을 위해, 하나님께 쓰임을 받는데 있습니다.

1963년 마틴 루터 킹은 피살되기 얼마 전 이러한 말을 남겼습니다.

"아직 자신이 무엇을 위해 죽어야 할 지를 발견하지 못했다면 그 사람은 살 자격이 없는 사람이라고 나는 감히 말씀드리고 싶습니다."

그러면 우리 그리스도인들에게 있어서 기꺼이 위하여 죽을 수 있는 것은 무엇입니까?

어떤 예배당을 짓는 공사장에서 여러 사람들이 돌을 깎고 있었습니다. 어떤 사람이 한 사람에게 물었습니다.

"뭐하고 계십니까?" 그러자 석수는 "입에 풀칠하기 위해 일하고 있소이다"라고 대답했습니다. 다른 석수에게도 같은 질문을 했습니다. 그러자 "돌 깎고 있지 않습니까?"라고 대답했습니다. 또 한 석수에게 물으니 "나는 하나님의 거룩한 성전을 짓고 있습니다"라고 대답하였습니다.

똑같은 일을 해도 어떤 정신을 가지고 일하느냐에 따라 일하는 의미가 다르고 보람이 다른 것입니다. 무슨 일을 맡았든지 주님과 의논하고, 주님과 함께 일하고, 주님을 위해 일한다는 생각을 가지고 있으면 그 일이 참 기도요, 참 예배가 되고, 그 일을 통해서 하나님께 영광을 돌릴 수 있게 됩니다.

1997년 세상을 떠난 코카콜라의 전 회장 로베르토 고이주에타는 자꾸 현실에 안주하려는 회사의 중역들에게 이렇게 외쳤습니다.

"코카콜라의 경쟁 상대는 다른 청량 음료들이 아니라 물이

다. 물과 경쟁했을 때 우리의 시장 점유율은 40퍼센트가 아니라 3퍼센트 밖에 되지 않는다. 아직 우린 한참 멀었다."

중역들의 입이 딱 벌어질 수밖에 없었습니다. 그 때부터 이미 전세계에 퍼져 있던 코카콜라는 더욱 공격적인 경영으로 '지구촌 시대 판매 전략'에 들어갔습니다. "미국을 모르는 사람은 있어도 코카콜라를 모르는 사람은 없어야 한다"는 말도 유명합니다. 그 결과 1997년도에는 해외 시장이 회사 전체수입의 65퍼센트에 불과하던 것이 80퍼센트로 올라섰습니다.

그까짓 콜라를 가지고도 전세계를 향해 도전했다면 인간에게 영원한 생명을 주는 복음을 가지고 있는 우리들로서는 윌리엄 케리가 외쳤던 대로 하나님을 위해 위대한 일을 계획하고, 시도할 수 있어야 하지 않겠습니까?

호수에 돌을 던지면 돌이 떨어진 곳을 중심으로 파문이 퍼져 나갑니다. 나 자신이 그리스도를 향하여 던져질 때 세계를 향한 그리스도의 파장은 나를 중심으로 퍼져 나갈 것입니다.

쓰임을 받으려면

우리는 인생을 살면서 세 번의 초청을 받습니다. 첫째는 구원으로의 초청입니다. 둘째는 사명으로의 초청입니다. 셋째는 죽음을 통한 영원한 세계로의 초청입니다. 우리는 영원한 세계로 들어가기 전에 사명을 위해 이 땅에 존재하고 있습니다.

아무리 큰 사명을 가지고 있다고 할지라도 쓰임받기 위해서는 자격이 필요합니다. 하나님 앞에서 우리가 갖추어야 할 자격은 무엇입니까?

바울은 이에 대하여 "큰 집에는 금과 은의 그릇이 있을 뿐 아니요 나무와 질그릇도 있어 귀히 쓰는 것도 있고 천히 쓰는 것도 있나니 그러므로 누구든지 이런 것에서 자기를 깨끗하게 하면 귀히 쓰는 그릇이 되어 거룩하고 주인의 쓰심에 합당하며 모든 선한 일에 예비함이 되리라"(딤후 2:20~21)고 했습니다.

큰 집은 하나님의 교회를 가리킵니다. 금그릇, 은그릇, 나무그릇, 질그릇은 성도들을 가리킵니다. 바울은 우리에게 어떤 그릇이냐가 중요한 것이 아니라 어떤 그릇이 되어야 하느냐가 중요함을 교훈하고 있습니다. 즉 우리가 금그릇이 아니고 질그릇이라 할지라도 깨끗한 그릇이 되면 귀히 쓰임을 받을 수 있는 것입니다.

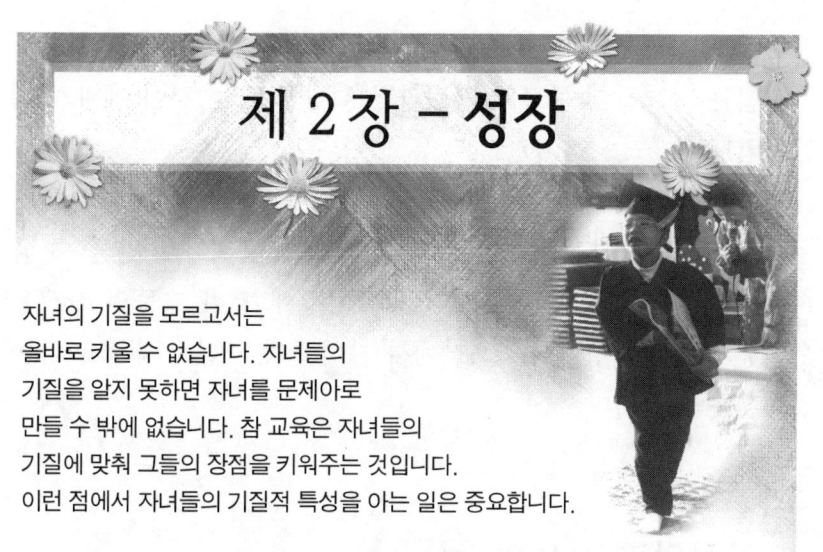

제 2 장 - 성장

자녀의 기질을 모르고서는
올바로 키울 수 없습니다. 자녀들의
기질을 알지 못하면 자녀를 문제아로
만들 수 밖에 없습니다. 참 교육은 자녀들의
기질에 맞춰 그들의 장점을 키워주는 것입니다.
이런 점에서 자녀들의 기질적 특성을 아는 일은 중요합니다.

기질대로 키우라

대개 부모들의 관심은 자녀들의 학교 성적입니다. 부모들이 자녀들의 장점은 몇 가지 밖에 꼽지 못하면서 단점들은 줄줄이 열거하는 것은 공부만을 중요시하고 그 외의 것들은 모두 쓸데 없이 여기기 때문입니다.

부모시대에는 대학 간판 하나만 가지면 노후까지 해결됐지만 앞으로는 자신의 타고난 장점을 어떻게 개발하느냐에 성공이 달려 있습니다.

부모들이 아이들을 키우는 과정에서 어려워하는 것 가운데 하나가 자녀들이 전혀 이해할 수 없는 행동을 하는 것입니다. 그것은 자녀들이 부모의 기질과 성격만을 닮는 것이 아니기 때문입니다.

그러므로 자녀의 기질을 모르고서는 올바로 키울 수 없습니다. 자녀들의 기질을 알지 못하면 자녀를 문제아로 만들 수 밖에 없습니다. 참 교육은 자녀들의 기질에 맞춰 그들의 장점을 키워주는 것입니다. 이런 점에서 자녀들의 기질적 특성을 아는 일은 중요합니다.

기질이란 무엇인가

성격은 성장 과정에서의 훈련, 교육, 신앙 등이 선천적인 기질에 가미되어 형성된 것으로 기질이 선천적이라면 성격은 후천적이라고 할 수 있습니다. 기질은 유전학적으로 국민성, 인종, 성별, 그 외 어떤 유전적인 요인에 의해 형성되고 이것은 다시 유전 인자로 계속 전해지게 됩니다. 흔히 민족적 특성에 대해 흥분을 잘하는 민족, 근면한 민족, 냉정한 민족이라고 말하는 것이 바로 기질에 대한 표현입니다. 눈송이 모양이 하나도 같은 것이 없이 천태만상을 이루듯이 각 사람은 기질로 인해 다른 사람들과 구별되는 독특성을 갖게 됩니다.

기질에 관한 최초의 연구는 주전 400여 년경에 의학의 시조로 불리는 희랍의 히포크라테스에 의해 이루어 졌습니다. 그는 사람의 네 가지 체액 성분(혈액, 황색 담즙, 흑색 담즙, 가래)에 의해 다혈질, 담즙질, 우울질, 점액질로 구분하였습니다. 그 이후 독일의 철학자 임마누엘 칸트가 이 네 가지 기질설을 전 유럽에 보급시키는데 큰 역할을 하였고 금세기에 이르러서 노르웨이의 할레스비 박사와 팀 라하이 박사에 의해서 기독교적인 차원의 기질 연구가 이루어 졌습니다.

각 기질에 대해 어느 기질이 낫고 못하다고 단정할 수 없습니다. 왜냐하면 모두가 각기 나름대로의 장점을 지니고 있어 사회에 도움을 주고 있기 때문입니다.

어떤 사람이 네 가지 기질을 이용하여 다음과 같은 익살스러운 말을 한 적이 있습니다.

"천재적인 우울질이 고안한 상품을 근면한 담즙질의 소유자가 생산하고 멋쟁이 다혈질이 판매하면 태평스러운 점액질이 그 물건을 즐겨 사용한다."

성경의 인물과 기질

각 기질을 쉽게 이해하기 위해서는 성경에서 각 기질의 특성을 보여주는 전형적인 인물들, 즉 베드로, 바울, 모세, 아브라함의 모습을 연상하는 것이 좋습니다.

다혈질의 베드로형

다혈질은 인정이 있고 따스하며 사람을 끄는데 있어 자석과 같은 능력을 가진 활달한 성격입니다. 이야기도 잘하고 늘 행복에 겨워 지내는 낙천가로서 항상 잔칫 집 같은 분위기 속에서 삽니다. 관대하고 다정다감하며 분위기나 다른 사람의 기분을 맞출 줄 압니다.

그러나 의지가 약하고 정서적으로 불안정하며 울컥 치미는 성격에다 침착치 못하고 이기적인 면이 있습니다. 세밀히 해나가는 데는 전혀 자신이 없으며 조용히 넘기는 적이 없습니다. 대담한 성격의 이면에는 불안정하고 두려워하는 마음이 숨어 있습니다. 직업으로는 판매사원, 연설가, 배우 등이 적합합니다.

담즙질의 바울형

담즙질은 의욕이 강하고 생산적입니다. 자신만만하며 고집이 강합니다. 타고난 지도력과 꽤나 낙천가적인 기질이 있습니다. 머리 속은 여러 가지 생각과 계획과 전망으로 가득 차 있으며 사물을 꿰뚫어 보고 있습니다. 인생의 모든 일을 실리적으로 처리합니다.

그러나 자기 만족에 빠지기 쉽고 성질이 급하여 불같이 격렬하고 잔인하게 느껴질 만큼 거친 행동을 합니다. 모나고 비꼬기를 좋아합니다. 큰 일을 하는 데는 손색이 없으나 자질구레한 일은 제대로 해내지 못합니다. 적합한 직업으로는 정치가, 군인, 위원장, 지도자, 전도자, 건축가, 제작자 등이 있습니다.

우울질의 모세형

우울질은 너그러운 마음씨와 풍부하고 예민한 감정을 지니고 있습니다. 그 누구보다도 예술을 즐겨 감상합니다. 특별한 분석력을 가지고 있어 앞 일을 치밀히 계획하며 완벽을 추구합니다. 천성이 내향적이라 침묵할 때가 많으나 한번 감정이 움직이기 시작하면 여러 가지 변화된 기분을 자아냅니다. 그래서 어떤 때는 지극히 외향적인 활동을 하기도 합니다. 맡은 일에 충성하며 희생적이고 많은 친구를 사귀려 하지 않지만 한번 사귄 사람과는 깊은 우정을 갖습니다.

그러나 부정적인 면을 잘 보며 변덕스럽고 우울합니다. 지나치게 내성적이고 실망을 잘합니다. 염세주의적이고 자기중심적이며 비사교적이고 비판적입니다. 고지식하고 복수심이 강합니다. 복잡한 여러 가지 약점 때문에 재능이 감추어지는 경우가 많습니다. 예술가, 발명가, 철학자, 종교가, 교수 등이 적합합니다.

점액질의 아브라함형

점액질은 차분하며 태평스러워 웬만해서는 버럭 화를 내거나 웃음보를 터트리는 일이 없고 항상 감정을 잘 조절합니다. 사람들을 대할 때 무난하기 때문에 호감을 사게 되고 현명한 기지와 농담으로 곁에 있는 사람들을 즐겁게 해 줍니다. 밝고 유쾌하여 구원받기 전부터 크리스천 같은 인상을 줍니다.

그러나 다른 사람들과 함께 복잡한 활동에 가담하지 않고 인생을 방관하는 입장에 서려는 경향이 있습니다. 우유부단하고 게으르며 고집이 세고 인색합니다. 외교관, 교사, 의사, 과학자, 카운슬러로서 성공할 수 있습니다.

어린이의 기질

기질은 선천적인 것이기 때문에 살면서 여러 가지 것으로 채색된 어른들보다 어린이들의 기질이 쉽게 파악됩니다. 자녀의 기질을 알면 장래가 보입니다. 부모들은 아이가 가지고 있는 기질의 장점을 극대화할 수 있도록 해야 합니다.

첫째, 다혈질의 어린이는 수다스럽고 정이 많아 쉽게 알아볼 수 있습니다. 낯선 사람과도 쉽게 친숙해지고 명랑한 성품을 가지고 있습니다. 얼굴에는 언제나 웃음이 있으며 주위의 사람들로부터 사랑을 받습니다.

그러나 무슨 일을 하든지 싫증을 잘 느끼며 온 방안을 돌아다니며 장난을 칩니다. 텔레비전 스위치를 돌리거나 의자에 올라가거나 남의 흉내를 잘 냅니다. 야단을 맞아도 금방 풀어져 버리고 잊어버립니다. 혼자 노는 것을 싫어하고 형제나 친구들과 함께 노는 것을 좋아합니다.

장점은 성격이 대범하기 때문에 어떤 시련이 닥쳐와도 빨리 시련을 딛고 일어설 수 있으며 정이 많아 의협심이 강하고 낙천적입니다. 또한 스스로 잘못을 범하게 되면 곧 후회하고 뉘우치고 돌아서서는 죄의식을 쉽게 떨쳐버립니다.

단점은 어떤 일에든지 깊이 있게 몰입하지 않으며 수다스럽고 불안정합니다. 학업에 몰두하는 것을 좋아하지 않으며 이것저것 조금씩 건드려 보다가 그만두곤 합니다.

다혈질의 아이를 올바로 키우기 위해서는 사랑이 있어야 합니다. 안정된 가정에서 부모의 따뜻한 사랑을 받지 못하고 자라나면 문제아가 되어 버리고 맙니다. 그러므로 항상 화목한 분위기가 필요합니다. 그럴 때 낙천적인 성품의 아이가 되며 신앙적인 교육을 받으면 훌륭한 신앙인이 될 수 있습니다.

둘째, 담즙질의 어린이는 성격이 특이하여 쉽게 구별할 수 있습니다. 독립심이 강해 다른 아이들보다 훨씬 빨리 스스로 뭔가를 해보려고 애를 씁니다. 부모가 손을 잡고 가려고 할 때 손을 뿌리치며 혼자 걷고 슈퍼마켓 등에 들어갔을 때 부모를 의지하지 않고 이곳저곳 다니며 구경하고 만지곤 합니다. 만일 부모가 이를 말리면 부모에게 반항하고 자신의 의견을 굽히지 않습니다.

장점은 적극적으로 활동하며 지도력이 있어 친구들 사이에서 언제나 리더의 역할을 맡습니다. 타고난 지도자라는 말은 바로 담즙질을 두고 하는 말입니다.

단점은 무뚝뚝하며 고집이 세고 자만심이 강합니다. 또한 상대방의 마음을 아프게 하는 경우가 많습니다.

담즙질의 아이를 올바로 키우기 위해서는 장점을 살려주는 동시에 다른 사람의 권위를 인정하도록 언제나 권면해 주어야 합니다. 고집스럽고 반항적인 성격을 어릴 때부터 바로 잡아 순종할 수 있는 사람으로 키워야 합니다.

셋째, 우울질의 어린이는 재능이 많습니다. 창조적이고 사색적이며 뛰어난 예술성을 갖고 있습니다. 어릴 때부터 기분에 많이 좌우되기 때문에 큰 이유 없이 갑자기 기분이 크게 변화하고 가끔씩 우울한 표정으로 지내다가 갑자기 활동적이 되곤 합니다.

장점은 많은 잠재력을 가지고 있는 것입니다. 재주가 많아 무엇이든지 잘하고 자신을 믿고 맡겨주면 무슨 일이든지 완성시키는 책임감이 있습니다.

단점은 다른 사람들에게 대해 지나칠 만큼 신경을 쓰며 쉽게 열등의식에 빠질 수 있고 감정에 충격을 받을 수 있습니다. 또한 감수성이 예민하고 완전주의를 추구해 정신적인 고통을 당하기 쉽습니다. 공상하기를 좋아하고 남을 잘 비판하며 문제를 만날 때 현실 도피를 잘 합니다.

우울질의 어린이를 바로 키우기 위해서 부모는 특히 많은 관심을 기울여야 합니다. 기질의 장점을 계발하면 뛰어난 인물이 될 수 있지만 잘못 빠지면 현실을 인식하지 못하는 무능력자가 되어 버립니다. 그러므로 언제나 자신감을 심어주고 스스로 하고자 하는 일을 막지 말며 이루어 놓은 일에 칭찬을 아끼지 말아야 합니다. 특별히 성격이 민감하므로 잘못을 범해도 거칠게 다루어서는 안되며 이해하는 분위기를 만들고 조용히 설득해

주어야 합니다.

넷째, 점액질의 어린이는 선천적으로 조용한 성품을 가지고 있습니다. 주위의 변화에 예민하지 않으며 특별히 관심을 기울이지 않아도 별 문제가 없습니다.

장점은 부모들이 가장 기르기 쉬운 아이입니다. 어릴 때 어떻게 키웠는지 모르겠다고 하는 소리를 듣습니다.

단점은 내성적이고 인색합니다. 자기의 것을 다른 아이들에게 나누어주는 것을 싫어하며 남의 것도 자신이 갖고자 애를 씁니다. 또한 다른 사람의 일에 방관합니다.

점액질의 어린이는 부모의 관심을 끄는 행동을 하지 않기 때문에 무관심하기 쉬우나 그 누구보다도 관심을 기울여야 합니다. 항상 나누어주는 것을 가르치고 매사에 적극적으로 참여할 수 있는 성품으로 키워야 합니다. 그렇지 않으면 자란 이후 이웃을 돌볼 줄 모르는 인색한 수전노가 되기 쉽습니다.

교육의 목표

자식을 어떻게 하면 훌륭하게 키우느냐 하는 것은 모든 부모의 소원이요 꿈입니다. 세계적으로 교육열에 있어서 둘째 가라면 서러운 것이 우리 나라입니다. 우리 부모들은 소 팔고 논 팔아 가면서 자식들을 교육시켰습니다.

집집마다 사교육비로 가정 경제가 빠듯합니다. 맞벌이 하지 않고서는 아이들의 뒷바라지 하기 어려운 형편이 되어버렸습니다. 사교육비 세계 1위를 기록하고 있습니다. 부모들은 무엇을 위해서 이렇게 막대한 투자를 하고 있습니까?

우리 나라 교육의 목표는 '영재 육성'이라고 할 수 있습니다. 개개인의 가능성 계발에 주력하고 있습니다. 그러다 보니 자연히 개인주의가 발달할 수밖에 없습니다.

또한 경쟁적인 대학입시 제도가 개인주의를 부추기고 있습니다. 나 밖에 모르는 인간들이 양산되고 있습니다. 이런 상태로는 이 나라와 민족의 장래를 기대할 수 없습니다.

유대인의 자녀교육

세계 인구의 0.3퍼센트, 그러면서도 세계 유명대학 교수 20퍼센트, 세계 유명인사 25퍼센트, 노벨상 수상자 15퍼센트, 모든 학문과 언론, 정치, 상업계의 지도적인 위치에 있는 이 사람들은 과연 누구입니까? 그들은 바로 유대인입니다.

유대인의 교육은 성결이 목표입니다. 유대교에서는 '하나님이 거룩하니 너희도 거룩하라' 는 말씀을 생활의 원리로 삼습니다. 다시 말해서 하나님의 형상을 닮아가도록 하는 것이 목표입니다.

어떤 사람들은 그리스도를 모르는 율법주의자들에게 무엇을 배울 것이 있느냐고 말합니다. 그러나 그들의 신본주의적 자녀교육은 우리가 본받아야 합니다.

유대인들은 세상이 두 조각이 난다해도 하나님이 무엇을 원하느냐, 성경이 무엇을 원하느냐가 그들의 행동 기준입니다.

한 예로, 유대인들은 올림픽에 참가해서도 대속죄일에는 메달도 마다하고 경기에 출전하지 않습니다.

다른 사람들이 볼 때 얼마나 어리석은 일입니까? 더욱이 아이들이 시험공부 이야기만 하면 벌벌 떨면서 예배에 빠져도 개의치 않는 한국의 부모들에게는 이해가 되지 않는 일일 것입니다.

유대인 자녀 교육의 원리는 본받아야 할 가치가 있습니다.

그들이 성결을 목표로 삼듯 우리 그리스도인들도 자녀들로 하여금 일류학교에 입학하여 출세하도록 하는 것을 지상 목표로 삼을 것이 아니라 하나님의 형상, 즉 예수 그리스도를 닮도록 하는데 목표를 두어야 합니다. 이것이 부모들이 하나님께로부터 부여받은 자녀 교육의 책임이며 사명입니다.

양육의 모델

그러면 예수님은 어린 시절 어떻게 자라났을까요?

신약 성경에 예수님의 생애를 기록한 네 권의 복음서가 있습니다. 그 중 요한복음은 예수님의 신성(神性)에, 누가복음은 예수님의 인성(人性)에 초점을 맞추고 있습니다. 누가복음을 보면 인간 예수의 어린 시절의 모습이 소개되고 있습니다.

"아기가 자라며 강하여지고 지혜가 충족하며 하나님의 은혜가 그 위에 있더라"(눅 2:40)고 했습니다. 유아기 때의 예수님의 모습입니다. "예수는 그 지혜와 그 키가 자라가며 하나님과 사람에게 더 사랑스러워 가시더라"(눅 2.52)고 하였습니다. 열두 살 때의 예수님의 모습입니다.

특별히 유아 시절과 청소년 시절의 성장 과정이 언급된 것은 인생 단계에서 이 시기가 중요하기 때문이 아닙겠습니까? 우리는 여기에서 자녀 양육의 목표를 발견할 수 있습니다.

첫째, 육체적인 성장입니다.

'자라며 강하여지고', 또한 '키가 자라며' 라는 말은 육체적인 성장을 의미하는 것입니다. 부모는 자녀들이 건강하게 자라날 수 있도록 해야 합니다.

둘째, 정신적인 성장입니다.

지혜가 자랐다는 말은 정신적인 성장을 의미합니다. 지혜는 지식을 활용하는 능력입니다.

한 때 "아는 것이 힘이다"라는 말이 유행했습니다. 그러나 오늘날 우리는 지식의 홍수 속에 살고 있습니다. 이제는 지식보다는 어떻게 활용하느냐가 중요합니다. 지식도 필요하지만 지혜는 더욱 필요합니다.

셋째, 영적인 성장입니다.

하나님 앞에서 사랑스럽다는 것은 영적인 성장을 의미합니다. 부모들은 자녀들에게 좋은 교육을 제공하기 위해서는 많은 재정을 소비하고, 건강과 좋은 습관을 가르치기 위해 심혈을 기울입니다.

그러나 정작 자녀들에게 하나님을 알려주는 영적 교육에 대해서는 소홀한 경향이 있습니다. 나무가 다 자란 후에 휘려고 하면 부러지고 맙니다. 하지만 어린 나무의 가지는 원하는 대로 휠 수 있고, 또한 휘는 대로 자랍니다. 교육도 마찬가지입니다. 이에 대해 성경은 "마땅히 행할 길을 아이에게 가르치라 그리하면 늙어도 그것을 떠나지 아니하리라"(잠 22:6)고 말씀하고 있습니다.

어린 시절 열심히 하나님의 말씀을 가르쳐 놓으면 비록 청소년기에 반항심으로 곁길로 나갈지라도 결국에는 다시 돌아오게 됩니다.

넷째, 사회적인 성장입니다.

사람에게 더 사랑스럽다는 것은 사회적인 성장을 의미하는 것입니다. 부모들은 예수님께서 어린 시절 전인적으로 성장하셨던 것처럼 자녀들이 온전하게 자랄 수 있도록 기도해야 합니다. 이 이상 더 큰 기도가 없습니다.

보고 배운다

어느 여전도사가 역 근처에서 어려운 집안의 아이들을 위해 유치원을 운영했습니다. 여자 아이들이 놀이를 하는데 입술을 빨갛게 바르고 옷을 곱게 차려입고는 하는 말이 "따뜻한 방이 있으니 놀다 가세요"하더랍니다. 주위에서 본 것이 그런 것이니 당연히 그런 것입니다.

소돔과 고모라는 음행으로 망한 도시들입니다. 롯의 두 딸은 소돔이 멸망하자 "우리가 우리 아버지에게 술을 마시우고 동침하여 우리 아버지로 말미암아 인종을 전하자"(창 19:32)하고 아버지를 술취하게 한 후 번갈아 아버지와 관계하여 모압과 벤암미, 즉 모압 족속과 암몬 족속의 조상을 낳게 되었습니다.

어느 때이건 이런 일은 상상도 못할 일입니다. 그들이 어디서 그런 것을 배웠겠습니까? 바로 성의 타락으로 말미암아 멸

망당한 소돔과 고모라에서 보고 배운 것입니다. 자녀들은 말로
가르쳐 주지 않아도 부모들의 행동과 삶을 봄으로써 배우고 있
습니다.

　유대인들은 비록 가난하고 배운 것이 없지마는 자녀들에게
자랑스런 부모였다는 인상을 심어줄 수 있는 감동적인 삶을 삶
으로써 자녀들도 그렇게 살 수 있도록 합니다. 오늘날 우리가
추구하는 성공 목적의 교육과는 너무나 다른 세계의 이야기가
아닐 수 없습니다.

교육의 방안

요즘 젊은 부모들을 보면 아이들의 기를 살린다고 매를 대지 않고 심지어 공공 장소에서 시끄럽게 떠들고 함부로 장난을 쳐도 야단을 치지 않습니다. 보다 못해 다른 어른들이 아이들을 나무라기도 하는데 이로 인해 아이의 부모와 싸움이 벌어지기도 합니다.

자녀들을 무조건 감싸는 것은 자녀들을 사랑하는 것이 아닙니다. 참으로 자식을 사랑하는 부모는 옳고 그름을 가려 징계해야 할 때 근실히 징계하는 사람입니다. 아무리 귀한 자식이라도 잘못을 했을 때 매를 들어야지 그렇지 못하면 그 자식이 잘못된 길을 가게 되어 결과적으로 그 자식을 미워함과 같이 되어 버리고 마는 것입니다.

방임의 결과

엘리 제사장에게 두 아들이 있었습니다. 이들은 하나님께 예배를 드리는 회막문에서 수종드는 여인과 동침하는 죄를 지었습니다. 엘리는 백성들로부터 이 소식을 들었습니다. 엘리는 아들들의 죄가 심각함을 알고도 엄격하게 다루지 않았습니다. 엘리의 두 아들의 성적 타락은 결국 가문의 몰락을 가져왔습니다.

하나님은 어린 사무엘을 통하여 "내가 그 집을 영영토록 심판하겠다고 그에게 이른 것은 그의 아는 죄악을 인함이니 이는 그가 자기 아들들이 저주를 자청하되 금하지 아니하였음이니라"(삼상 3:13)고 하셨습니다. 엘리 가문의 몰락은 자식들에 대한 지나친 관용의 결과였습니다.

징계하라

성경은 징계의 필요성에 대해서 "초달을 차마 못하는 자는 그 자식을 미워함이라 자식을 사랑하는 자는 근실히 징계하느니라"(잠 13:24)고 말씀하고 있습니다.

또한 "아이의 마음에는 미련한 것이 얽혔으나 징계하는 채찍이 이를 멀리 쫓아내리라"(잠 22:15)고 했습니다. 자식이 잘못을 했을 때는 마땅히 징계를 해야 한다는 것입니다.

그러나 징계는 신중해야 합니다. 아버지는 권위의 상징이긴 하지만 공포의 대상이 되어서는 안됩니다. 자녀들은 매를 맞으면서도 자기가 사랑을 받고 있다는 사실을 느낄 수 있어야 합니다. 그래서 유대인 랍비들은 "왼손으로 때리면서 오른손으로 안아 주라" 고 가르칩니다.

노엽게 하지 말라

성경은 자녀들에게 부모공경을 요구하면서 동시에 부모를 향해서는 "너희 자녀를 격노케 말찌니 낙심할까 함이라"(골 3:21)고 했습니다. 여기서 '격노케 하지 말라' 는 것은 '화나게 하지 말라' 는 뜻입니다.

왜 아이들을 화나게 합니까? 그것은 부모들이 자녀의 의견을 무시하고 권위 의식을 가지고 행동하기 때문입니다. 실제로 많은 부모들이 '내가 낳은 자식이니까 내 마음대로 할 수 있다' 고 생각하여 명령하고 강요하고 억압합니다.

부모로서는 자녀들이 세상을 모른다고 생각하기 때문에 '내가 하라는 대로만 하라' 고 일방적으로 처신하기 쉽습니다. 그럴 때 자식들은 분노하며 낙심하게 됩니다.

사람은 낙심하면 삶의 의욕을 잃어버리게 됩니다. 부모에게 야단을 맞고 자살을 생각해 본 청소년이 70퍼센트가 넘는다고 합니다.

요즘 청소년들은 권위에 순종하지 않고 형식을 따지지 않습니다. '자신이 하고 싶은 대로 하며 개성대로 사는 것' 을 삶의 가장 중요한 목표로 생각하고 있습니다.

시대가 변했습니다. 그러므로 부모는 더 이상 자신의 가치관을 고집하지 말고 이 시대를 살아가는 아이들의 의식과 특성과 심리를 이해하고 인정해 주어야 합니다. 청소년 자녀들에게 좋은 부모는 친구와 같이 대화할 수 있는 부모입니다.

적극적으로 가르치라

우리 나라 부모들이 문제를 해결하는 주된 방법은 강압적인 방법 아니면 회피하는 것입니다. 자녀의 문제에 대해서도 직면해서 해결하려고 하기보다는 피합니다. '시간이 지나면 잘되겠지, 어떻게 해결되겠지' 라고 생각하며 문제를 회피합니다.

그러나 문제를 회피한다고 해서 그 문제가 저절로 사라지거나 해결되는 것은 아닙니다. 언젠가는 회피한 결과를 맞이하게 됩니다. 부모들은 자녀들에게 자유는 주되 방임하지 말아야 합니다. 적극적으로 가르쳐야 합니다.

부모는 평소에 자녀들에게 해야 할 일과 해서는 안 될 일을 단호하게 가르침으로써 자녀들이 선택하는 자리에 서게 되었을 때 '예' 와 '아니오' 를 명확히 말할 수 있도록 해야 합니다.

부모는 자녀들의 장래에 영향을 미칠 수 있는 중요한 문제들에 대해서는 대화를 나누는 시간을 가져야 합니다. 함께 텔레비전을 보다가 기회를 만드는 것이 자연스러울 것입니다.

부모는 자녀들과 터놓고 성과 이성교제, 그리고 결혼에 대한 대화를 나눌 수 있어야 합니다. 자녀들이 데이트를 하기 전에 이성교제에 대한 자신들의 가치 기준을 확고히 갖도록 가르치며 격려해 주어야 합니다. 그럴 때 자녀들은 규범에 따라 확신 있게 행동할 수 있습니다.

부모들은 자녀들의 이성교제에 대해서 구체적으로 물어 보아야 합니다. '어디에서 데이트하려고 하니?', '뭘 하려고 하니?', '집엔 언제 돌아올 거니?', '누굴 만나는데?' 이런 질문이 통하지 않을 것 같지만 상당수의 청소년들이 동료들의 성적인 압력에 대처하기 위한 방법으로 부모를 구실로 대는 경우가 많습니다.

자녀들로 하여금 데이트 상대에게 자신의 도덕적 규범을 충분히 전달할 수 있도록 가르쳐야 합니다. 가령 "나는 키스나 애무를 원하지 않아. 나는 네게 한 인격으로 이해 받고 너의 좋은 친구가 되고 싶다는 걸 네가 알아주길 바래." 이같은 의사는 처음부터 밝힐 수 있어야 합니다.

부모는 생활 속에서 자녀들에게 모범을 보여 주어야 합니다. 자녀들이 부모보다 더 철저한 규범을 가질 수 있을 것이라고 기대하지 마십시오.

제 3 장 – 자아확립

청소년기에 확립하게 되는
자아 정체감은 외모에서 비롯되는 것이
아니라 자기 인식에 의한 것입니다.
자신의 존재를 어떻게 생각하느냐에 따라
자신감을 갖기도 하고 열등감에 사로 잡히기도 합니다.

봄이 되면 산과 들에 꽃이 만발합니다. 각양 꽃나무들이 자신의 아름다움을 뽐내듯 꽃망울을 터트리는 것을 보면 청소년들의 모습이 떠오릅니다.

이제 막 피어나는 꽃과 같은 청소년들, 그들은 날로 달라지는 자신의 모습을 보면서 놀라워하기도 하고 또는 신기해 하면서 자주 거울을 들여다봅니다. 거울 앞에 서는 시간이 길어집니다.

그런데 청소년기에 확립하게 되는 자아 정체감은 외모에서 비롯되는 것이 아니라 자기 인식에 의한 것입니다. 자신의 존재를 어떻게 생각하느냐에 따라 자신감을 갖기도 하고 열등감에 사로 잡히기도 합니다.

청소년 뿐 아니라 많은 사람들이 거울 앞에서 자신의 모습을 바라보며 '아! 정말 멋있다', '괜찮은데', '그럴 듯 해' 하며 만족감을 나타내기보다는 불만족스러워합니다.

남이 되려는 사람들

현대인의 특징 중의 하나는 낮은 자존감입니다. 엘리트 그룹에 속한 사람일지라도 의외로 자신감 없는 인생을 살고 있습니다. 자신의 자화상에 대한 건전한 태도를 가지지 못하고 있습니다. 자신의 정체성에 대한 확신이 없기 때문입니다.

사람들은 곧잘 다른 사람이 되고 싶어하는 환상에 빠집니다. 아이들은 만화 영화의 주인공이 되고 싶어하고, 청소년들은 인기 있는 연예인이나 운동선수가 되고 싶어합니다. 그래서 그들을 흉내내고 그들이 사용하는 물건들을 갖고 싶어 합니다.

심리학자 아치발트 하트는 수년에 걸친 시험을 통하여 95퍼센트의 사람들이 내색은 하지 않지만 자신이 아닌 다른 사람이 되고 싶어한다고 하였습니다. 한 번도 그런 생각을 해본 적이 없다고 말하는 사람이 몇 사람이 있었지만 다그쳐 물으면 그들 역시 그런 환상에 빠진 적이 있었음을 인정하였다는 것입니다.

너는 너처럼 되거라

미국의 어느 부흥사가 하나님과 대화를 했습니다.

"하나님, 제게 아브라함과 같은 믿음을 주셔서 미국의 아브라함이 되게 하여 주옵소서"

"네가 아브라함처럼 되고 싶으냐? 그러면 너는 아들을 바칠수 있느냐?"

"나는 아들을 바칠 수 없습니다."

"그러면 아브라함처럼 될 수 없단다."

"하나님, 그러면 모세와 같은 지도력을 주셔서 미국의 모세로 만들어 주옵소서."

"모세처럼 되고 싶으냐? 그러면 모세처럼 사람을 죽여 모래에 파묻을 수 있느냐?"

"나는 살인을 할 수 없습니다."

성경의 위대한 믿음의 사람을 하나하나 들어 하나님께 기도하였지만 하나님의 대답은 모두 부정이었습니다. 부흥사는 화가 나서 하나님께 소리를 질렀습니다.

"하나님, 그러면 나는 누구처럼 되라고 하는 말입니까?"

하나님의 음성이 들려왔습니다.

"너는 너처럼 되거라."

독일의 철학자 쇼펜하우어는 "인간은 다른 사람처럼 되고자하기 때문에 자신이 가지고 있는 잠재력의 4분의 3을 상실한다"고 했습니다.

나는 나입니다. 누구처럼 사는 것이 아니라 나는 나로서 살아야 합니다. 그 누군가처럼 되고 싶어하는 것은 자신을 상실하는 것입니다.

나의 존재 가치

하나님께서는 우리 인간을 각각 다르게 만드셨습니다. 만약 하나님께서 우리 모두가 똑같기를 원하셨다면 우리 모두를 같은 모습으로 창조하셨을 것입니다. 그러나 하나님은 우리를 그렇게 만드시지 않았습니다.

하나님께서는 우리들을 개성있게 그 누구와도 같을 수 없는 독특한 빛깔을 지닌 유일한 존재로 만드셨습니다. 지구상에 똑같은 사람은 한 사람도 없습니다. 손가락의 지문 하나까지도 다 다릅니다. 이 사실만으로도 우리 개개인의 가치는 무한한 것입니다.

우리는 더 이상 자신의 부족함으로 인하여 자신을 비하하며 자신에 대해 불만스러워하거나 미워할 필요가 없습니다. 저마다의 적성이나 능력을 파악하고 개개인의 무한한 가치를 높이 평가하여 자신만의 진가를 발휘할 수 있어야 합니다.

신학자 프란시스 쉐퍼는 "인간은 죄악에 차 있으나 쓰레기는 아니다"라고 했습니다. 우리는 더 이상 자신을 향하여 '나는 쓸모 없는 인간이야' 라는 식의 말을 하지 말아야 합니다. 이런 태도는 사람을 무기력하게 만들고 하나님께서 우리를 위해 계획해 놓으신 잠재력을 상실케 하는 것입니다.

우리는 다른 사람과 우리를 비교하고 모방하려는 습관을 버리고 우리 자신을 있는 그대로 받아들일 수 있어야 합니다. 나를 있는 그대로 받아들일 때 비로소 하나님께서 나를 위해 특별히 계획한 청사진을 펼쳐 나갈 수 있을 것입니다.

나는 누구인가

하나님은 우리를 창조하시고 죄에 빠진 우리를 위해 예수 그리스도를 이 땅에 보내셨습니다. 힘세고, 잘나고, 명철한 사람들을 위해서가 아닙니다.

예수 그리스도는 죄와 허물이 많고, 부족하고 못난 우리들을 위하여 십자가에서 죽으셨습니다. 하나님은 우리를 위해 그 아들을 내어 주시기까지 우리를 사랑하시며 우리를 귀하게 여기십니다.

사도 베드로는 그의 편지 베드로전서 2장 9~10절에서 하나님의 사랑으로 우리에게 이루어진 나의 진정한 모습이 어떠한지 증거하고 있습니다.

"오직 너희는 택하신 족속이요 왕같은 제사장들이요 거룩한 나라요 그의 소유된 백성이니 이는 너희를 어두운데서 불러내어 그의 기이한 빛에 들어가게 하신 자의 아름다운 덕을 선전하게 하려 하심이라 너희가 전에는 백성이 아니더니 이제는 하나님의 백성이요 전에는 긍휼을 얻지 못하였더니 이제는 긍휼을 얻은 자니라"

택하신 족속

하나님께서는 이스라엘 백성을 선택하셔서 그들을 통해 구원의 드라마를 보여 주셨습니다. 그러면 왜 하나님께서 수많은 민족 가운데서 이스라엘 민족을 택하셨습니까? 그들이 강한 민족이었기 때문에, 아니면 그들의 수가 많았기 때문입니까?

모세는 그 이유에 대해 말하기를 "여호와께서 너희를 기뻐하시고 너희를 택하심은 너희가 다른 민족보다 수효가 많은 연고가 아니라 너희는 모든 민족 중에 가장 적으니라"(신 7:7)고 했습니다. 하나님께서 이스라엘을 택하신 것은 그들에게 그럴만한 자격이 있어서가 아니라 전적으로 하나님의 은혜였습니다.

하나님께서는 그의 종들을 택하실 때 지혜 있는 자, 능한 자, 문벌 좋은 자보다도 미련하고, 약하고, 천하고, 멸시받는 자들을 택하시어 하나님의 영광을 나타내셨습니다(고전 1:26-27). 이것이 하나님의 선택원리입니다.

하나님께서 우리를 선택하는데 있어서도 마찬가지입니다. 우리가 하나님의 인상에 남을만한 일을 했기 때문이 아닙니다. 우리의 믿음, 우리의 신실함 때문도 아닙니다. 우리의 지적인 능력 때문도 아닙니다. 우리가 하나님께 부름 받고 구원을 얻은 것은 오직 하나님의 은혜입니다.

하나님께서는 우리의 모습 그대로를 받아주시며, 우리의 이 모습을 사랑하십니다. 내가 선택해서 예수를 믿은 것 같지만 하나님께서는 이미 만세 전부터 우리를 선택하셨고, 이제 불러 내셨습니다.

이스라엘 사람들은 수 천년 동안 나라를 잃어버리면서도 자신은 하나님께 선택받은 민족이라는 자부심과 긍지를 가지고 살았습니다. 이 선민사상이 지금까지 이스라엘을 존속케 하였습니다. 우리도 택하신 족속이라는 이 사실만으로도 하나님 앞에 무한히 감사해야 하며 자부심과 긍지를 가지고 살아야 합니다.

왕같은 제사장

왕 같은 제사장이란 왕을 겸한 제사장이라는 뜻입니다. 즉 성도들은 그리스도와의 연합을 통해 그리스도와 함께 보좌에서 만국을 통치하며, 동시에 제사장으로서 하나님을 섬기며 예배하는 자라는 것입니다.

왕으로서의 역할은 앞으로 천상에서 이루어지게 될 것이나 제사장직은 지금 우리들의 삶 가운데 이루어지고 있습니다. 그것은 누구나 직접 하나님께 나아가 자유롭게 하나님을 예배하고 하나님과 교통할 수 있는 것입니다.

과거 구약시대에는 개인적으로 하나님 앞에 나갈 수 없었습니다. 반드시 제사장을 통해서 나아가야 했습니다. 그러나 지금은 누구나 예수 그리스도로 말미암아 하나님 앞에 직접 나아갈 수 있습니다.

과거 급제하여 암행어사가 된 이도령이 자기 신분을 감추고 남루한 모습으로 내려왔을 때 그는 푸대접을 받았습니다. 그러나 그는 전혀 마음이 상하거나 위축되지 않았습니다. 그것은 그에게 마패가 있었기 때문입니다.

지금 우리가 어떤 모습으로 있던지간에 우리는 장차 그리스도와 왕노릇할 자들이요, 사람들이 두려워 떠는 하나님 앞에 당당하게 나갈 수 있는 제사장들입니다. 이 같은 신분의식을 가질 때 우리는 늘 당당하게 인생을 살아갈 수 있습니다.

거룩한 나라

거룩한이라는 말은 특별한 목적을 위해 구별되었다는 뜻입니다. 사람들은 외출할 때 양복과 넥타이를 새로 골라 입습니다. 선택할 수 있는 몇 벌의 양복과 넥타이가 있었지만 그 양복과 넥타이가 선택되었습니다. 성경은 이런 경우를 거룩하다고 합니다.

우리는 누구나 자신의 인격이나 성품 자체로서는 결코 거룩한 존재일 수 없습니다. 그러나 하나님께 특별한 목적을 위해 선택되고 부름을 받은 우리는 거룩한 존재요, 하나님 나라의 구성원입니다.

우리는 이 세상에 영원히 사는 것이 아니라 나그네로서 잠시 잠깐 머무는 것입니다. 언젠가 너도나도 이 세상을 떠나야 합니다. 그러나 주님께서는 이미 우리의 거할 처소를 마련해 놓으셨습니다.

우리의 영원한 처소는 저 하늘나라요, 우리의 시민권은 천국에 있습니다. 우리는 천국 시민답게 하나님 나라의 목적과 영광을 위하여 세상과 구별된 삶을 살아야 합니다.

하나님의 소유된 백성

힘이 있거나, 부유하거나, 유명한 사람들의 물건들은 아무리 흔한 것이라도 귀중하며 심지어 그 값을 따질 수 없을 정도로 값이 나갑니다. 한 예로, 나폴레옹이 쓰던 칫솔이 2만 1천 달러에 팔렸습니다. 낡은 칫솔을 수만 달러나 주고 산다는 것을 상상이나 해 보았습니까?

금목걸이는 그것이 목걸이보다는 금이기 때문에 가치를 지닙니다. 인간도 그와 같습니다. 우리가 어떠한 모습을 지녔던 간에 우리가 하나님의 소유된 자라는 이유 하나로 우리는 존귀한 존재들입니다.

하나님은 우리를 소유하기 위하여 상상할 수 없는 값을 지불하셨습니다. 예수 그리스도의 보혈이 바로 그 값입니다. 하나님은 예수 그리스도의 피 값을 주고 우리를 사셨습니다.

그렇다면 하나님의 소유물인 우리의 가치는 얼마나 되겠습니까? 비록 예수님은 은 30의 종의 몸값으로 팔리셨지만 그로 말미암아 우리의 몸값은 믿을 수 없을만큼 비싸며, 설명할 수 없을 만큼 존귀해진 것입니다.

하나님의 긍휼을 입은 백성

베드로는 예수님의 수제자로서 마음이 굳세고, 결단력도 있으며, 열심이 넘치고, 때로는 오만하기까지 하며, 갈릴리 바다를 걷는 등 환희의 순간을 맛보았지만 패배의 슬픔과 고통도 맛보았습니다.

베드로는 주님의 경고를 받았음에도 불구하고 동료들 앞에서 "다 주를 버릴지라도 나는 언제든지 버리지 않겠나이다" 라고 공언을 했습니다.

나중에는 "내가 주와 함께 옥에도, 죽는데도 가기를 준비하였나이다" 라고 말하기까지 하였습니다. 그러나 불과 몇 시간 후 그는 예수님을 안다는 것까지, 그것도 세 번씩이나 부인하였습니다.

예수님과 눈 빛이 마주치는 순간 베드로는 밖으로 나가 통곡했습니다. 주님을 배반한 죄책감이 그를 짓누르고 그의 영혼을 괴롭힐 때마다 베드로는 괴로움의 눈물을 흘렸을 것입니다. 그러나 주님께서는 절망과 낙심 가운데서 허우적거리도록 그를 내버려두지 않으셨습니다.

부활하신 주님은 상심한 베드로를 찾아가셔서 그를 용서하시고 회복시켜 주셨습니다. 그리고 초대 교회의 강력한 지도자로 사용하셨습니다.

현대인들은 치열한 생존경쟁 속에서 바람에 찢기는 낙엽처럼 심령과 육체, 생활이 찢긴 채 살아가고 있습니다. 절망과 낙심 가운데 주저앉아 있습니다. 회복의 기능은 점점 약해져가고 있습니다.

상한 갈대를 꺾지 아니하시고 꺼져 가는 등불을 끄지 아니하시는 하나님은 우리가 하나님의 자비와 긍휼에 힘입고 실망과, 낙심과, 좌절의 자리에서 일어나기를 원하십니다.

우리는 하나님의 긍휼하심을 믿고 그 앞에 나아가야 합니다. 우리가 어떻게 찢겼다 할지라도 주님께서는 베드로에게 하셨던 것처럼 지금도 우리를 회복시켜 주십니다.

꿈은 이루어진다

오늘날 그리스도인들이 세상 가운데서 빛과 소금의 역할을 하지 못하고 있다는 우려의 소리가 높습니다. 이유가 무엇입니까? 교회 안에서만 그리스도인이고 세상에 나가서는 담대하게 "나는 그리스도인이기 때문에 그렇게 할 수 없다"라고 선포하지 못하기 때문입니다. 한 마디로 영향력을 나타내는 진정한 그리스도인이 없기 때문입니다.

대안은 하나입니다. 유년 시절부터 하나님을 위하여 위대한 일을 계획하고, 시도할 수 있는 믿음과 영성을 키워야 합니다. 교회마다 사회 각 분야에서 지도자가 될 수 있는 실력 있는 그리스도인들을 배출할 수 있어야 합니다.

꿈의 사람이 되라

10대에 하나님께서 주신 꿈을 꾸고, 20대에 준비하고 훈련한다면 30대에 영향력을 발휘하는 인생이 될 수 있습니다. 요셉이 그 대표적인 인물입니다. 그는 17세에 하나님께서 주신 꿈을 꾸었습니다. 그의 꿈은 지도자가 되는 꿈이었습니다.

그러나 형들의 시기로 애굽에 종으로 팔려 갔습니다. 꿈을 이룰 수 있는 가능성이 희박해졌습니다. 설상가상으로 감옥에 들어가게 되었습니다. 꿈과는 전혀 먼 곳으로 가버린 인생이 되어버렸습니다.

13년의 세월이 흘렀습니다. 이제는 꿈을 포기해야 할 때도 되었습니다. 하지만 여전히 요셉은 꿈을 먹고 살았습니다. 그래서 그는 언제나 성실했습니다. 어디서든지 인정을 받았습니다. 그가 가는 곳마다 하나님의 복이 임했습니다.

갖은 고생 끝에 마침내 애굽의 국무총리가 된 그의 삶은 쉽게 좌절하고 포기하고 무너지는 오늘날의 젊은이들에게 큰 도전을 줄 수 있을 것입니다. 요셉은 젊은이들이 본받아야 할 모델입니다.

도전하라

많은 젊은이들이 '나의 비전은 무엇이다', '나의 사명은 무엇이다' 라고 입술로만 말하고 정작 필요한 실력을 갖추기 위해 구체적으로 계획을 세우고 노력하지 않습니다. 성경책만 보고 기도만 해서는 세상을 뒤짚어 놓을 수 있는 그리스도인이 될 수 없습니다. 시간을 투자하고 재정을 투자해서 준비해야 합니다.

지그 지글러에 의하면 불과 3퍼센트의 사람만이 계획을 기초로 하여 실천에 옮긴다고 합니다. 사람들은 계획의 중요성을 잘 압니다. 그러면서도 실제로는 계획을 세우지 않습니다. 게으름, 방법의 서투름이 원인일 수 있습니다. 그러나 근본적인 이유는 실패에 대한 두려움 때문입니다.

가나안을 정탐하고 돌아온 열 두 정탐꾼 중에 여호수아와 갈렙을 제외한 나머지 열 사람은 두려움에 사로잡혀 말하기를 "거기서 또 네피림의 후손 아낙 자손 대장부들을 보았나니 우리는 스스로 보기에도 메뚜기 같으니 그들의 보기에도 그와 같았을 것이니라"(민 13:33)고 했습니다.

두려움에 사로잡히면 아무리 유능한 사람도 무기력에 빠져 아무 것도 못하게 됩니다. 하나님은 모든 사람을 사랑하시지만 할 수 없다고 하는 사람들은 쓰시지 않습니다.

결국 어떻게 되었습니까? 할 수 없다고 생각했던 자들은 모두 광야에서 삶을 마쳤습니다. 오직 하나님을 믿고 할 수 있다고 주장했던 여호수아와 갈렙만이 약속의 땅 가나안에 들어갈 수 있었습니다.

존 맥스웰은 「실패를 딛고 전진하라」는 책에서 계획 수립을 위한 귀중한 조언을 하고 있습니다. 그는 "긍정적인 감정이 당신을 앞으로 이끌어 갈 때까지 기다리지 말고 그러한 감정을 느낄 수 있도록 먼저 행동하라"고 말하고 있습니다.

생각이 우리를 이끌어 가지 못할 때는 먼저 행동하는 것이 필요합니다. 우리가 하고 싶어질 때 한다면 언제 할 수 있을 것이며, 또 할 수 있는 일이 몇 가지나 되겠습니까? 우리에게는 때때로 감정을 억누르고 억지로라도 해야 할 일이 있습니다.

누구나 실패할 수 있습니다. 실패가 나쁜 것만은 아닙니다. 실패를 통해서 더 많은 것을 배울 수 있습니다. 사람은 실패를 통해서 성숙해집니다. 성공자는 실패 없는 사람이 아니라 실패를 딛고 일어선 사람입니다.

인내하라

사람들은 현실에 안주하고 타성에 빠지는 경향이 있습니다. 그러므로 하나님께서는 꿈을 주신 후 고난과 고통의 훈련 기간을 통하여 꿈을 이룰만한 그릇으로 준비시키십니다.

자기 계발은 고통스러운 작업입니다. 잘못된 조그만 습관 하나를 버리고 새로운 습관을 만들기까지 수없이 실패를 거듭하게 됩니다. 그렇다면 오랫동안 굳어진 삶의 태도를 바꾸는 일은 어떻겠습니까? 그야말로 뼈를 깎고 살을 도려내는 고통을 감수해야 합니다.

떠오르는 태양이 아름다운 이유는 밤을 참고 어두움을 이겼기 때문입니다. 광야에 만발한 들꽃이 아름다운 이유는 모진 바람을 견뎌내고 아름다운 꽃을 피웠기 때문입니다. 인내는 쓰지만 그 열매는 달콤합니다.

기회는 모든 사람에게 찾아옵니다. 그러나 모든 사람이 기회를 붙드는 것은 아닙니다. 고통 가운데 인내하며 꾸준히 준비하는 자만이 기회가 왔을 때 역전하여 꿈을 이룰 수 있습니다.

토머스 에디슨은 "인생에서 실패한 사람들은 대부분 그들이 포기하는 그 순간이 자신이 얼마나 성공에 가까이 왔는지 깨닫지 못한 사람들이다"라고 했습니다. 성공은 얼마나 인내하느냐에 달려 있습니다.

우리는 자신의 꿈을 자랑하는 자가 아니라 꿈을 이루는 자가 되어야 합니다. 꿈을 이루기까지 묵묵히 땀을 흘리며 끝까지 참고 견디는 하나님의 사람들이 되어야 합니다. 인내하면 꿈은 이루어집니다.

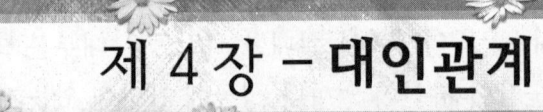

제 4 장 - 대인관계

자녀는 하나님께서 잠시 맡긴
귀한 손님과도 같습니다. 손님은 언젠가는
떠나야 합니다. 자녀도 마찬가지입니다.
결혼 전까지 맡기셨습니다. 부모는 자녀들을
소유하려는 생각을 접어야 합니다.

자녀의 도리

청소년기에 들어서면 자녀들은 자율과 독립을 요구합니다. 스스로 생각하고, 판단하고, 결정하려고 하며, 부모의 간섭을 귀찮아합니다. 순종하지 않습니다. 이러한 청소년 시기는 아이와 어른의 과도기로서 부모와 가정을 떠나기 위해 연습하는 과정이라고 할 수 있습니다.

그 동안 잠잠하던 가정에 일대 혼란이 다가옵니다. 가정의 규칙이 깨어지고 부모와 자식 간에 대립이 생기고 갈등이 일어납니다. 이때 부모와 자녀들이 기억해야 할 일은 성경이 교훈하는 부모와 자녀와의 관계입니다.

"피는 물보다 진하다"는 말이 있습니다. 부모들에게 있어서 자녀는 이 세상 그 무엇보다도 귀한 존재이고, 그 어떤 관계보다도 중요합니다. 그러다보니 자녀들이 성장함에도 불구하고 계속 품에 안고 내보낼 줄 모르는 부모들이 있습니다. 그것은 자녀를 위하는 것이 아니라 도리어 망치는 것입니다.

부모와 자녀와의 관계

자녀는 하나님께서 잠시 맡긴 귀한 손님과도 같습니다. 손님은 언젠가는 떠나야 합니다. 자녀도 마찬가지입니다. 결혼 전까지 맡기셨습니다. 부모는 자녀들을 소유하려는 생각을 접어야 합니다.

창세기를 보면 첫 사람 아담과 하와의 결혼 이야기가 나옵니다. "이러므로 남자가 부모를 떠나 그 아내와 연합하여 둘이 한 몸을 이룰지로다 아담과 그 아내 두 사람이 벌거벗었으나 부끄러워 아니하니라"(창 2:24~25)

우리는 이 말씀에서 하나님께서 친히 디자인하신 결혼의 네 가지 원리, 즉 분리·연합·하나됨·친밀성의 원리를 살펴볼 수 있습니다. 결혼은 부모를 떠나는 일로부터 시작됩니다. 분리의 원리가 제대로 시행되지 않으면 나머지 원리들은 적용이 되지 않습니다.

독수리는 새끼가 날 때가 되면 일부러 둥지를 거칠게 흩트러 놓습니다. 나무 가지들이 드러나 앉아 있기 불편해서 더이상 보금자리에 안주하지 못하도록 하여 새끼가 둥지를 떠나도록 만듭니다.

결혼은 부모의 품이라는 둥지를 떠나는 일입니다. 자녀들이 결혼하면 부모는 자녀들을 떠나도록 해야 마땅하며 자녀들은 그 때로부터 성인으로서 독립적이고 책임적인 존재로 살아야 합니다.

하지만 결혼 전까지는 부모에게 절대적인 순종과 공경의 삶을 살아야 합니다. 부모에게 순종하는 일, 이것은 인륜이요, 하나님께서 정하신 법도입니다.

자녀들은 가장 귀한 손님으로 대접해 준 부모의 은혜를 잊지 말아야 합니다. 부모의 사랑과 헌신을 당연하게 여길 것이 아니라 깊은 감사를 해야 합니다.

부모를 공경하라

십계명은 구약성경의 요약입니다. 제1계명에서 제4계명까지는 하나님께 대한 도리를 규정하고 있고, 제5계명에서 제10계명까지는 사람에 대한 도리를 규정하고 있습니다.

탈무드를 보면 하나님 공경보다 부모 공경이 더 어렵다고 말합니다. 하나님 공경은 소득의 십일조만 하면 됩니다. 그러나 부모공경은 소득이 없어도, 동냥을 해서라도 부모를 공양해야 하므로 더 어려운 것입니다.

그래서인지 유대인들은 십계명 중에서 대인계명의 첫 계명인 부모공경의 계명을 가장 중요시합니다. 유대인들은 아무리 이웃을 사랑한다고 해도 부모를 공경하지 않으면 인간으로 여기지 않습니다. 유대인들은 부모 공경을 영적·도덕적 무게를 나타내는 척도로 삼고 있습니다. 부모 공경으로부터 윤리가 시작됩니다. 실제로 부모공경을 잘하는 사람은 다른 계명도 잘 지킵니다.

동물은 나서 자라면 그것으로 끝이지만 인간은 커서 부모의 은혜를 보답합니다. 여기에 사람과 동물의 차이가 있습니다. 예수님의 십자가 사건은 전 인류를 구원하는 역사입니다. 예수님은 그 큰 일을 하면서도 끝까지 어머니를 공경하셨습니다.

부모공경은 하나님 공경과 동일합니다. 육신의 아버지와 어머니를 기쁘시게 하면 하나님께서도 기뻐하십니다. 자녀된 자들은 모두 부모공경을 의무로 알고 감당해야 합니다. 자녀들이 부모를 공경하는 그 가정에 하나님이 함께 하십니다.

땅에서 잘되는 길

요즘 젊은 부모들은 늙어서 자녀들에게 의지하려고 하지 않습니다. 스스로 노후 대책을 세우고 자녀들에게 부모 공경을 강조하지 않습니다. 부모 공경은 노후에 대접을 받고 안받고의 문제이기 전에 하나님이 정하신 법도이기에 자녀들에게 가르쳐야 합니다.

모세의 십계명에서는 부모공경의 조건으로 "하나님께서 너희에게 준 땅에서 네 생명이 길리라"(출 20:12)고 했습니다. 이에 대해 사도 바울은 땅에서 잘되고 장수하는 비결(엡 6:3)이라고 말씀하고 있습니다.

예수를 믿지 않고도 땅에서 잘되는 사람들을 볼 수 있습니다. 하늘의 복은 예수를 주로 믿어야 받을 수 있지만 땅의 복은 부모를 공경할 때 받습니다.

예수를 믿고 부모를 공경하는 사람은 땅의 복과 하늘의 복 모두를 받을 수 있습니다. 공경의 문이 열리는 만큼 축복의 문도 열립니다.

그렇기 때문에 나는 우리 아이들에게는 물론이고 결혼을 앞둔 청년들에게 키워준 세월 만큼 갚으라고 합니다. 가령 25세에 결혼하면 25년 동안, 30세에 결혼하면 30년동안 부모에게 갚으라고 합니다. 부모 공경에 대해 엄격하게 교육을 시키는 것은 결국 자녀들을 잘되게 하는 일 입니다.

친구

　청소년기는 부모에게서 떠나면서 새로운 만남이 시작되는 때입니다. 청소년 시기에는 특히 친구의 존재가 중요합니다. 어려운 일이 있을 때 부모보다 친구들과 의논합니다. 무엇을 결정함에 있어서도 친구의 영향을 많이 받습니다.

　따라서 학교는 단순히 학문을 익히는 장소일 뿐 아니라 많은 친구들을 사귀면서 인간 관계를 배우며 훈련할 수 있는 곳입니다. 학교에서의 인간 관계는 사회생활로 연장되고 일생을 결정 짓게도 합니다.

　정신 신체 의학 분야의 전문가인 제임스 J. 린치 박사는 연구를 통해 고독한 사람들이 평균 수명보다 더 짧은 생애를 보낸다는 사실을 밝혀냈습니다. 그는 고독이 신체의 건강에 얼마나 해가 되는지, 그리고 인간 관계가 얼마나 신비한 힘으로 신체에 작용하는지를 보여주는 풍부한 통계를 제시했습니다.

　경제적인 관점에서 보아도 인간 관계는 중요합니다. 카네기 시술공학연구소의 한 보고서에서도 경제적 성공의 15퍼센트가 기술공학적인 지식에 달려 있는 반면, 나머지 85퍼센트는 인간 관계 기술, 즉 사람들을 이끄는 능력에 달려 있다는 사실을 밝히고 있습니다.

또한 윌리암 메닝거 박사는 공장에서 해고 당한 사람의 60에서 80퍼센트가 인간 관계가 좋지 못해서이고, 20에서 40퍼센트만이 기술이 부족해서라는 사실을 밝힌 바 있습니다. 이처럼 인간관계가 중요합니다.

좋은 친구를 사귀라

유대인들은 자기의 자녀가 누구 집에 가느냐에 상당한 관심을 갖습니다. 우리 집이 청결하다고 다른 집이 그러리라는 법이 없습니다. 우리 집에 나쁜 비디오 테이프가 없어도 남의 집에 가서 얼마든지 볼 수 있습니다. 그래서 유대인들은 자녀들이 이방인들과 어울리는 것을 대단히 싫어합니다.

믿음이 좋은 친구들을 사귀어야 하고, 가정을 성전처럼 여기는 가정에 보내야 합니다. 가면 부모님들의 기도 소리, 성경 보는 모습을 볼 수 있는 가정에 보내야 합니다. 또한 누가 오느냐도 중요합니다. 믿음의 사람들이 오고가야 합니다.

청소년 때 친구가 중요한 만큼 친구를 잘 가려서 사귀어야 합니다. 지혜로운 자를 친구로 사귀면 지혜를 얻고, 미련한 친구를 사귀면 해를 당하게 됩니다(잠 13:20).

우리는 성경에서 가장 이상적인 친구 관계를 다윗과 요나단에게서 볼 수 있습니다. 저희들은 지혜로운 자들이었습니다.

요나단은 자신이 왕자였지만 다윗이 왕이 될 것을 알고 기꺼이 그를 밀어 주었습니다. 저희들은 서로를 위해 목숨을 내어놓을 만큼 서로를 아끼며 사랑했습니다.

다윗은 요나단이 죽었을 때 "내 형 요나단이여 내가 그대를 애통함은 그대는 내게 심히 아름다움이라 그대가 나를 사랑함이 기이하여 여인의 사랑보다 승하였도다"(삼하 1:26)고 했습니다.

우리는 가족을 한 식구라고 말합니다. 비록 남이라도 가족과 같은 절친한 관계임을 표현할 때 "우리는 같이 한 솥밥을 먹었다"고 말합니다. 같이 밥을 먹는 관계는 특별한 관계를 의미하며 이런 것은 성경의 문화와 차이가 없습니다.

다윗은 왕 위에 오른 후 전쟁 중에 불구가 되어버린 친구 요나단의 아들, 므비보셋을 왕궁으로 불러들였습니다. 그리고 자기와 함께 식사를 하도록 하였습니다. 다윗이 그를 자기 식탁에서 같이 먹도록 은총을 베푼 것은 사람들에게 자신과 므비보셋이 특별한 관계에 있음을 보여주고자 했던 것입니다.

줄곧 자신을 죽이려 했던 사울과의 관계를 생각하면 있을 수 없는 일이었으나 요나단과의 우정은 정적(政敵)까지도 돌아보게 했던 것입니다.

우정을 깊게 하는 원칙

많은 사람들로터 사랑을 받은 자들은 사랑이야말로 행복의 가장 기본이 되는 요소라고 믿고 있습니다. 그들은 동료를 중요하게 생각하고 있으며 아무리 스케줄이 바빠도 그들과의 인간 관계를 보다 튼튼하게 하는데 많은 시간을 사용합니다.

반면에 고독한 사람은 자기에게 가까운 친구가 없다고 호소하지만 사실상 그들은 친구를 사귀는 일에 거의 관심이 없습니다. 개인적인 일에만 몰두할 뿐 우정을 성숙시키는 일에는 거의 시간을 소모하지 않습니다.

에머슨은 "우리는 우리의 건강을 보살핀다. 돈을 모으고 방을 꾸민다. 좋은 옷을 만들어 입는다. 그러나 재산 중에서도 가장 값진 재산인 친구들을 충분히 갖추기 위하여 노력하는 슬기로운 사람은 몇이나 되는가?"라고 물었습니다.

지혜로운 사람은 우정을 선택합니다. 우정을 깊게 하는 원칙은 이것입니다.

첫째, 무엇보다 인간 관계를 우선해야 합니다.

깊은 우정은 하루 아침에 이루어지지 않습니다. 오랜 세월 함께 걷고, 이야기하고 경험을 나누는 사이에 우정은 성숙하는 것입니다.

둘째, 투명해야 합니다.

사람들은 자신을 드러내는 것을 두려워합니다. 그 이유는 자신의 부족함이 드러날 때 무시당할 수 있다는 두려움 때문입니다. 그러나 오히려 가면을 벗을 때 사람들이 몰려듭니다.

셋째, 우정을 과감히 나타내야 합니다.

두 사람이 만나 서로 좋게 생각하면서도 부끄러움 때문에 솔

직한 정을 나누지 못하고, 그 결과 관계가 멀어지거나 끝장나
버리는 것은 슬픈 일입니다.

넷째, 베푸는 생활을 해야 합니다.

나무 가지가 넓게 뻗고 잎이 무성하면 새들이 모여들고 그 그
늘 밑에 쉬고자 하는 자들이 찾아오는 것처럼 너그럽고 베풀기
를 좋아하는 사람에게는 사람마다 친구가 되는 것입니다.

다섯째, 우정을 지켜야 합니다.

잘 진행되던 인간 관계가 갑자기 중단이 되는 까닭은 어느 한
쪽이 다른 쪽을 조정하거나 속박하기 때문입니다. 우정을 지키
려면 서로 밀접하게 하나가 되면서도 서로의 자유를 지켜 줄 수
있어야 합니다.

영원한 친구

모든 참다운 삶은 만남에서 비롯됩니다. 좋은 친구를 사귀는
일은 성공의 지름길입니다. 무한한 가능성을 지니고 희망을 품
고 출발하는 청소년들에게 가장 좋은 친구를 소개하고 싶습니
다.

죄인도, 병든 자도, 버림받은 자도 그를 만나 변화되었습니
다. 그는 친구들을 위해 자기 생명을 내어 주셨고 다시 살아나
셔서 소망이 되어 주셨습니다. 그는 언제나 변치 않고 같이 있
어 주시는 분이십니다. 그는 바로 우리의 영원한 친구 예수 그

리스도입니다.

예수님은 "너희가 나의 명하는 대로 행하면 곧 나의 친구라" (요 15:14)고 하셨습니다. 사람이 친구를 위하여 자기 목숨을 버리는 것보다 더 큰 사랑이 없는데 우리의 친구되시는 예수님은 자신의 몸을 버려 우리를 구원하신 분이십니다.

지금 당신의 책상 앞에 누구의 사진이 걸려 있습니까? 당신이 마음 속으로 존경하는 분은 누구입니까? 진정한 친구 예수 그리스도를 만나십시오. 그 분은 길이요, 진리요, 생명이십니다 (요 14:6). 우리의 참된 친구, 영원한 친구되시는 주님과 동행할 수 있다면 얼마나 좋을까요.

이성교제

젊은이들에게 주어진 특권은 한 여름 작열하는 태양과 같은 열정입니다. 인생을 회고할 때 열정을 쏟은 일에 대해서는 아쉬움이나 후회가 없습니다.

젊은 시절을 보내버린 사람들이 아쉬워하는 일 가운데 하나는 뜨거운 사랑을 해보지 못한 것입니다. 그 흔한 이성교제 한 번 해보지 못하고 미지근한 마음으로 어쩔 수 없이 결혼한 것을 애석하게 생각합니다.

우리 사회가 개방적이기는 하지만 여전히 중매나 결혼을 목적으로 한 사람과의 연애만을 고집하는 사람도 있습니다. 하지만 결혼 전의 남녀들은 결혼과 상관 없이 이성들을 두루 만나 교제할 필요가 있습니다.

이 세상에는 여자가 반입니다. 여성들의 사회 진출이 활발하여 어느 곳에서 일을 하더라도 여성들과 함께 어울려 일해야 하는 시대입니다. 이성 교제는 배우자의 선택과 장래의 결혼생활을 준비만을 위해서가 아니라 사람을 이해하고 더불어 살기 위한 차원에서도 필요합니다.

불신자와의 교제

교회가 안고 있는 고민거리 중의 하나는 노처녀 문제입니다. 교회에 노처녀들이 많은 것은 어제 오늘의 일이 아닙니다. 교회에 남자 성도보다 여자 성도가 더 많은 것은 청년들의 경우도 마찬가지입니다. 따라서 노처녀들이 많을 수밖에 없습니다.

더구나 청년 때에 신앙이 있다 하는 자매들은 교회 봉사에 열중하느라고 배우자를 고르는 일을 등한히 하다가 적령기를 놓쳐 버리곤 합니다. 그러다가 다급한 마음에 불신자들과의 결혼까지 생각하게 됩니다.

한번은 젊은 여인이 스펄전 목사를 찾아와서 자기가 불신 청년과 교제해도 되겠느냐고 물었습니다. 그렇게 하는 목적은 그 청년을 그리스도께로 인도해서 결혼하려는 것이었습니다.

스펄전은 이 여인을 높은 테이블로 올라가도록 했습니다. 스펄전이 나이가 들었기에 여인은 그의 말에 불복할 수 없었습니다. 스펄전은 여인에게 자기의 손을 잡게 한 후 방바닥에 있는 자기를 테이블 위로 힘껏 끌어 올려 보라고 했습니다.

여인이 스펄전을 끌어 올리려고 했지만 도저히 그렇게 할 수 없었습니다. 그러자 스펄전은 여인의 손을 잡아 단번에 테이블 위에서 끌어 내렸습니다. 그리고 말했습니다.

"끌어내리기는 쉬워도 끌어 올리기는 어려운 것입니다."

이렇게 해서 그 여인의 문제는 해결되었습니다.

함께 멍에를 매지 말라

그리스도인들은 이 세상을 죄악이 가득찬 곳으로 생각하여 적대시하고 불신자들과의 교제를 등한히 하거나 회피하기 쉽습니다. 그러면 아예 세상 밖으로 나가 살아야 할 것입니다(고전 5:10). 우리는 이 세상을 어둡고 썩었다고 담을 쌓기보다는 적극적으로 세상을 변화시키는 빛이 되어야 하고 소금이 되어야 합니다.

그러나 불신자와의 이성 교제는 신중해야 합니다. 결혼으로 이어질 수 있기 때문입니다. 결혼은 멍에를 함께 메는 일입니다. 그러므로 그리스도인은 처음부터 이성 교제에 대한 분명한 성경의 원칙을 가지고 이성을 대해야 합니다.

성경은 불신자들과 일체가 되는 교제를 허락하지 않습니다. 고린도후서 6장 14~16절을 보면 이 문제에 대한 하나님의 뜻을 분명하게 확인할 수 있습니다. "너희는 믿지 않는 자와 멍에를 같이 하지 말라"고 선언하면서 무려 다섯 번의 질문을 하고 있습니다.

첫째, "의와 불법이 어찌 함께 하느냐?"

신자의 가치관과 불신자의 가치관은 너무도 판이합니다. 의와 불법은 갈등을 일으킵니다. 서로간에 사귐이 있을 수 없습니다.

둘째, "빛과 어두움이 어찌 사귀겠느냐?"

신자는 빛 가운데 있고 불신자는 어두움 가운데 있습니다. 빛이 있는 곳에 어두움은 존재할 수 없습니다. 빛과 어두움이 서로 어울릴 수 없듯이 신자와 불신자는 본질상의 차이로 어울려질 수 없습니다.

셋째, "그리스도와 벨리알이 어찌 조화되랴?"

벨리알은 사탄을 가리킵니다. 신자는 그리스도에게 속해 있고, 불신자는 벨리알에게 속해 있습니다. 그들은 우리가 할 수 없는 많은 일들을 합니다. 조화되지 않는 것은 당연한 이치입니다.

넷째, "믿는 자와 믿지 않는 자가 어찌 상관하랴?"

당신은 믿음으로 하나님을 알지만 다른 사람은 하나님을 믿지도 않으며 모릅니다. 당신은 믿음으로 하나님을 바라보지만 다른 사람은 자신을 바라봅니다. 어찌 상관할 수 있습니까?

다섯째, "하나님의 성전과 우상이 어찌 일치하랴?"

우리는 살아 계신 하나님께서 거하시는 성전입니다. 반면에 불신자들은 우상의 전입니다. 우리는 몸의 거룩을 추구하지만 저희들은 음주와 흡연 등으로 몸을 더럽힙니다. 하나님의 성전인 우리가 어찌 우상과 일치할 수 있습니까?

이 세대를 본받지 말라

수 년전 '한국인의 변화하는 의식구조' 에 대한 여론조사 결과가 발표된 적이 있습니다. 전국 1천 2백 명을 대상으로 일대

일 면접조사 방식으로 한국인의 기초의식에 대한 광범위한 조사를 했습니다. 여기에는 한국판 '킨제이 보고서'라고 할 수 있는 성문제에 대한 조사도 포함되었습니다.

조사 결과 20대는 우선 우리 사회가 지금까지 의심 없이 받아 들여온 일부일처제를 기초로 한 결혼제도에 회의하기 시작했습니다. 20대 남성들의 31.9퍼센트가 일부일처제가 아닌 독신, 계약결혼, 동거 형태의 삶에 호감을 갖고 있었습니다. 놀랍게도 20대 여성은 일부일처제에 대해 53.1퍼센트가 반란을 일으키고 있었습니다.

특히 20대 여성의 생각은 전체적으로 과격하다고 생각될 정도로 가치 파괴적인 특성을 보였습니다. 혼전순결을 지켜야 한다는 명제에 20대 여성은 61.2퍼센트가 공감하지 않았습니다. 실제로 20대 미혼여성 중 성관계를 가진 경험이 있다는 여성은 26.6퍼센트였고, 경험자들은 평균 2.2명과 관계했다고 고백했습니다.

성개방 풍조가 만연되고 있는 사회 속에서 살고 있는 현대인들은 혼전 성경험을 부끄러워하기 보다는 오히려 자랑으로 삼고 있습니다. 자칫 그리스도인들도 이성 교제를 하면서 이런 분위기에 편승하기 쉽습니다.

사도 바울은 그리스도인들에게 권면합니다.

"너희는 이 세대를 본받지 말고 오직 마음을 새롭게 함으로 변화를 받아 하나님의 선하시고 기뻐하시고 온전하신 뜻이 무엇인지 분별하도록 하라"(롬12:2)

제 5 장 – 세상을 향하여

우리가 사는 세상은 항상
따뜻한 봄이 아닙니다. 태양이 작열하기도 하고,
때때로 폭풍이 불고, 눈보라가 치기도 하는 곳입니다.
그리고 우리가 걸어가는 곳곳에 우리를 멸망시키려는
많은 유혹의 덫이 놓여 있습니다. 이 세상이 악한 자에게
속해 있기 때문입니다.

세상의 유혹

우리가 사는 이 세상은 장미꽃이 만발한 화원이 아닙니다. 우리가 사는 세상은 항상 따뜻한 봄이 아닙니다. 태양이 작열하기도 하고, 때때로 폭풍이 불고, 눈보라가 치기도 하는 곳입니다.

그리고 우리가 걸어가는 곳곳에 우리를 멸망시키려는 많은 유혹의 덫이 놓여 있습니다. 이 세상이 악한 자에게 속해 있기 때문입니다.

이에 대해 성경은 "또 아는 것은 우리는 하나님께 속하고 온

세상은 악한 자 안에 처한 것이며" (요일 5:19)라고 말씀하고 있습니다.

그러므로 우리가 신앙생활에서 승리하려면 이 세상이 어떤 곳인가를 알아야 하며 세상 유혹을 이길 수 있는 올바른 삶의 자세를 가져야 합니다.

인생 태도

영국 남부 해안 지대의 한 선원이 목사님에게 말했습니다.

"목사님은 우리를 이해하지 못해요. 곧고 좁은 길로 행하라고 우리에게 말씀하시지만, 우리가 어떤 유혹에 직면하는지, 어떤 바람이 우리에게 부딪쳐 오는지 목사님은 모르세요. 이런 상황에서 우리에게 일어나는 일에 대해 우리를 탓할 수 없어요."

그 목사님은 선원들에게 바다를 가리켰는데 그곳에서는 두 척의 배가 돛을 올리고 항해하고 있었습니다. 그 중 하나는 서쪽을 향하고 있었고, 다른 하나는 동쪽을 향하고 있었습니다. 목사님은 말했습니다.

"배 한 척은 동쪽으로 가고, 다른 한 척은 서쪽으로 가고 있네. 아주 똑같은 바람을 받으면서 말이야. 저 배들이 어느 쪽으로 가는지 결정하는 것은 이 강한 바람이 아니라 그들이 돛을 어떻게 올리고 있느냐 일세."

우리가 어떤 태도를 취하느냐에 따라 유혹에 넘어갈 수도 있고, 유혹을 이길 수도 있습니다.

유혹에 직면한 요셉

꿈의 사람 요셉은 용모가 준수하고 아담하였습니다. 보디발의 아내는 요셉의 육체적 매력에 반했습니다. 보디발 아내가 요셉에게 접근하는 이야기는 흡사 텔레비전 드라마의 한 장면처럼 느껴집니다(창 39:1~12).

요셉이 당한 유혹은 우리 모두가 직면하고 있는 문제를 다룬다는 점에서 우리와 직접적이고 분명한 교훈을 주며, 특히 청소년들에게 좋은 귀감이 될 것입니다. 보디발의 아내가 요셉에게 접근한 데에는 네 가지 요소가 있었습니다.

첫째, 음흉하게 접근했습니다.

보디발의 아내는 처음에 요셉을 보고 나서, 다시 요셉을 볼 때 욕망에 사로잡혀 정숙해야 하는 기혼 여성에게 걸맞지 않은 방식으로 그를 바라보았습니다. 눈은 영혼으로 이르는 문이며, 정욕이 통과하는 길입니다.

"그 후에 그 주인의 처가 요셉에게 눈짓하다가" 이것은 단순히 요셉을 보았다는 의미가 아닙니다. 그녀는 언제부터인가 요셉을 주목하고 강렬한 유혹의 눈빛으로 요셉에게 접근하기 시작했던 것입니다.

둘째, 노골적으로 접근했습니다.

일단 눈에 의해 마음이 사로잡히는 것을 허용하고 나자 보디발의 아내는 더이상 정숙한 척도 하지 않게 되었습니다. 그녀는 요셉에게 노골적으로 "나와 동침하자!"고 간청했습니다.

어쩌면 이렇게 뻔뻔할 수 있을까요? 그것은 보디발의 아내가 상상 속에서 욕구를 점점 더 키웠기 때문이었습니다. 욕구를 키우다보면 그것은 어느 순간 분출되는 것입니다.

셋째, 끈질기게 접근했습니다.

요셉은 보디발의 아내의 접근을 거부했지만, 그것은 그녀의 욕구를 더욱 자극할 뿐이었습니다. 그녀는 매일같이 요셉을 좇아 다녔고, 그와 함께 있을 수 있는 구실을 만들어냈습니다.

그녀는 요셉이 집안 어디로 가든지 반드시 그곳에 나타나 자신의 욕정을 표현했습니다. 그녀의 태도는 시간이 지나도 고쳐지지 않았고, 요셉의 거부로도 억제되지 않았습니다.

이것은 헛되고 정욕적인 공상을 허용하고 거기에 빠질 때 어떤 위험이 따르는지를 말해줍니다. 예를 들어, 음란물에 사로잡히는 사람들이 그런 덫에 빠집니다. 그러면 그 문제는 해결되지 않습니다. 그 사람은 정욕의 노예가 되어버립니다.

넷째, 계획적으로 접근했습니다.

불타는 정욕에 붙잡힌 보디발의 아내는 마침내 행동을 개시했습니다.

"그러할 때에 요셉이 시무하러 그 집에 들어갔더니 그 집 사람은 하나도 거기 없었더라"(창 39:11)

그것은 절호의 기회였습니다. 그녀가 계획적으로 그렇게 해

놓았는지 아닌지는 알 수 없습니다. 그 상황이 우연히 발생했다 하더라도 그녀는 그 기회를 최대한 활용했을 것입니다.

보디발의 아내는 아무도 보지 않으면 무슨 일을 해도 괜찮다고 생각했습니다. 오늘날도 많은 사람들이 범죄할 때 아무도 보지 않으면 괜찮다고 생각합니다. 그러나 하나님께서는 보고 계십니다.

유혹에 대한 요셉의 태도

요셉을 향한 유혹이 강했지만 유혹에 대한 요셉의 태도는 더욱 강했습니다. 그는 유혹에 대해 항상 주의를 기울이고 있었습니다. 그렇지 않았다면 아마 그는 쉽게 보디발의 아내의 유혹에 몸을 맡겼을 것입니다.

요셉은 자기를 다스렸고 항상 깨어 있었습니다. 그는 원칙에 근거하여 움직였으며 동요하는 감정에 따라 행동하지 않았습니다. 우리는 순간적인 위기 상황 속에서 요셉이 보인 저항의 특성을 다섯 가지로 살펴볼 수 있습니다(창 39:8~12).

첫째, 미리 결정된 저항을 했습니다.

요셉은 유혹하는 여자와 변론하지 않았습니다. 다만 간음을 행하자는 그녀의 뻔뻔스러운 제안에 단호한 거절로 반응했을 뿐입니다. 태양이 이미 중천에 떠서 뜨거워진 위기의 순간에, 요셉처럼 결정할 수는 없습니다.

잘 대처할 수 있는 유일한 방법은 아직 차갑고 어슴푸레한 새벽에 대답할 말을 미리 계획하는 것입니다. 요셉은 거절을 미리 결정해 놓고 있었습니다. 유혹에 성공적으로 대처하려면 미리 단호한 결정을 내려야 합니다.

둘째, 원칙에 입각한 저항을 했습니다.

요셉은 보디발의 아내에게 말했습니다.

"나의 주인이 가중 제반 소유를 간섭지 아니하고 다 내 손에 위임하였으니 이 집에는 나보다 큰 이가 없으며 주인이 아무 것도 내게 금하지 아니하였어도 금한 것은 당신뿐이니 당신은 자기 아내임이라"(창 39:8~9)

하찮은 사람이라면 이런 상황을 범죄의 기회로 사용할 수도 있습니다. 그러나 요셉은 원칙에 입각해서 반응했습니다.

"그런즉 내가 어찌 이 큰 악을 행하여 하나님께 득죄하리이까?"(창 39:9)

이 말은 아무리 주인의 아내이지만 그녀가 요구하는 일을 행하는 것은 주인의 신뢰를 배신하는 행위일 뿐 아니라 하나님께도 죄를 짓는 일이라는 것입니다.

요셉은 자신의 행동으로 하나님의 이름에 먹칠하지 않을까 두려워했습니다. 하나님을 두려워하는 것보다 유혹을 극복하는데 더 강력한 힘이 되는 것은 없습니다.

셋째, 계속 저항했습니다.

보디발의 아내가 유혹할 때 요셉의 저항은 확고했습니다. 그것은 그래야만 했습니다. 그것은 여인이 날마다 요셉에게 청하였기 때문이었습니다.

사람들은 첫 유혹은 잘 통과합니다. 하지만 첫번 유혹에 굴복하지 않은 것에 대해 너무 자만한 나머지 다음번 유혹에는 지고 맙니다.

그러므로 성경은 "그런즉 선 줄로 생각하는 자는 넘어질까 조심하라"(고전 10:12)고 경고하고 있습니다. 유혹의 첫 공격에 저항하는 것과 그 결심을 매일 사수하는 것은 별개의 문제입니다.

넷째, 지혜롭게 저항했습니다.

요셉이 유혹하는 여자와 함께 있기를 거부한 것은 또 다른 면에서 지혜로운 결정이었습니다. 그는 그녀와 함께 있는 것을 거부했는데, 그것은 요셉 자신의 마음이 바뀔 가능성이 있었기 때문에 위험을 감수하려 하지 않았던 것입니다.

죄의 방에 들어가려하지 않는 자는 유혹의 문턱에도 앉지 말아야 합니다. 요셉은 보디발의 아내가 있는 곳에는 아예 가지 않았습니다. 유혹의 자리는 처음부터 피하는 것이 최선입니다.

바울은 디모데에게 말했습니다. "또한 네가 청년의 정욕을 피하고"(딤후 2:22). 또 바울은 고린도인들에게 말했습니다. "음행을 피하라"(고전 6:18). 성적 유혹의 주변에서 기웃거리거나 그 유혹에 직면해서 장난치지 말아야 합니다.

다섯째, 단호하게 저항했습니다.

요셉은 자기 앞에 있는 강력한 유혹에 저항하는데 있어서 철저하고 단호했습니다. 보디발의 아내가 그의 옷을 잡았을 때,

요셉은 자기 옷을 그 손에 버리고 도망하여 나갔습니다.

옷을 잃는 것이 그의 인격을 잃는 것보다 나았던 것입니다. 침실을 거부한 결과 요셉은 감옥에 들어가게 되었습니다. 그러나 하나님께서 감옥에서 은혜를 베푸셔서 요셉을 애굽의 국무총리로 세워주셨습니다. 덕망을 쌓기에 삼십 년이 걸려도, 그것을 잃는 데는 5분이면 족할 수 있습니다. 우리는 죄의 유혹에 대하여 단호하게 저항해야 합니다.

신앙과 현실

그리스도인은 하나님 나라의 시민인 동시에 이 사회의 한 시민입니다. 따라서 그리스도인은 하나님 나라의 시민으로서의 책임과 아울러 사회의 한 시민으로서의 책임과 의무를 감당해야 합니다.

사회 속에서의 그리스도인의 삶은 대부분 직장에서 이루어집니다. 그런데 우리 사회에서는 예수 믿는 사람들은 직장생활하기 어렵다는 말을 자주 듣습니다.

직장생활을 하려면 윗사람이나 동료와의 관계 유지를 위해 불의와 타협해야 하거나 손님 접대, 회식 등으로 경건 생활하기 어려운 때가 있습니다.

분명한 신앙적 가치관과 삶의 자세를 가져야 합니다. 그렇지 않고서는 대개 현실의 벽에 부딪쳐 적당히 타협하게 됩니다. 우리는 확고한 신앙의 자세로 현실과의 타협을 극복한 멋진 모습을 다니엘과 그의 세 친구들에게서 살펴볼 수 있습니다.

다니엘의 세 친구

바벨론의 느브갓네살 왕은 이스라엘을 정복한 후 왕족과 귀족의 아들들을 포로로 끌고 갔습니다. 여기에 십대 소년이던 다니엘과 그의 세 친구 사드락과 메삭과 아벳느고가 포함되어 있었습니다.

그들이 도착한 이방 땅은 우상숭배로 혼란한 곳이었습니다. 하나님을 섬긴다는 것은 생각할 수도 없었습니다. 그러나 다니엘과 세 친구의 믿음은 흔들리지 않았습니다. 우상이 가득한 환경이었지만 그들의 마음에는 오직 하나님만 계셨습니다.

느브갓네살 왕은 아직 사리를 제대로 분별하지 못하는 유다 귀족 출신의 소년들을 철저하게 바벨론화 시켜서 그들을 관직에 등용하고, 또 필요한 경우 유다를 통치할 자들로 키우려 했습니다. 그래서 유다 소년들에게 바벨론의 학문과 글을 가르치고 그들에게 바벨론의 진미와 술을 먹이고 이름까지 바벨론 식으로 개명시켰습니다.

그런데 왕이 제공하는 진미와 포도주는 바벨론 신에게 바쳐진 것이고, 율법에서 금한 짐승의 고기가 섞여 있었습니다. 다니엘과 세 친구를 제외한 다른 소년들은 같은 유다 자손이면서도 환경에 굴복하여 바벨론 궁에서 하라는 대로 따라하며 우상의 제물도 먹고 마셨습니다. 그들에게는 신앙의 절개보다 현실의 안정이 더 우선이었습니다.

미국의 저명한 기독교 윤리학자인 라인홀더 니버는 「도덕적 인간, 비도덕적 사회」라는 책에서 한 개인으로서는 도덕성을 잘 유지할 수 있다고 해도 비도덕적인 조직체 속에 들어가면 근본적인 난관에 봉착하고 만다는 이야기를 하고 있습니다.

우리는 사회의 구조적인 병폐 속에서 인간이 얼마나 무기력한 존재인가를 쉽게 확인할 수 있습니다. 순수한 열정으로 불의에 항거하여 데모하던 젊은이들이 막상 사회에 발을 들여놓으면 자신도 모르게 생존경쟁의 논리에 순응하여 자기가 비판했던 그 일을 도리어 하게 되는 경우가 허다합니다.

"로마에 가면 로마의 법을 따르라"는 말이 있습니다. 우리 중 누구도 유별나게 살 수 없다는 말입니다. 유다 소년들은 환경의 영향을 받을 수밖에 없는 평범한 사람들의 모습을 보여주고 있습니다.

그러나 다니엘과 세 친구는 달랐습니다. 비록 포로로 잡혀왔지만 저희들에게는 신앙의 지조가 있었습니다. 저희들은 신앙의 절개를 지키기로 뜻을 정했습니다. 이방 신전에 드려진 음식으로 자신들을 더럽히지 않겠다고 결심했습니다.

십대는 한창 성장하는 시기이므로 음식을 많이 먹어야 합니다. 먹고 돌아서면 금방 또 배고픈 시기인데 어떤 젊은이가 음식 먹기를 거부하겠습니까? 더구나 저희들에게 제공되는 음식은 왕이 베푸는 진미였습니다.

그러나 다니엘과 세 친구는 자신의 건강과 안전보다, 이방 왕에게 인정받는 것보다 하나님 앞에서 깨끗하게 사는 것이 더 중요했습니다. 다니엘과 세 친구는 환경에 굴복해서 아무렇게 살지 않았습니다.

다니엘과 세 친구는 감독관에게 열흘 동안 고기와 술을 먹는 소년들과, 채식과 물을 먹는 자기들과 비교한 후 처분해 달라고 요청했습니다. 이로 인해 다니엘과 세 친구는 왕의 진미와 포도주 대신 채식과 물을 마시게 되었습니다. 그 결과에 대해 성경은 "열흘 후에 그들의 얼굴이 더욱 아름답고 살이 더욱 윤택하여 왕의 진미를 먹는 모든 소년보다 나아 보인지라"(단 1:15)고 했습니다.

하나님께서는 이 네 소년에게 지식을 얻게 하시며 모든 학문과 재주에 명철하게 하신 외에 다니엘은 또 모든 이상과 몽조를 깨달아 알게 하셔서 이방 땅에서 하나님의 이름을 높이는 사람들이 되게 하셨습니다.

하나님과 돈

어느 기업체의 '부자 되세요'라는 광고가 사람들의 마음을 사로잡았습니다. 그것은 사람들의 갈망을 직접적으로 만져주었기 때문입니다. 최근 복권 열풍도 이 시대 사람들의 삶의 태도를 여실히 보여주는 한 예라고 할 수 있을 것입니다.

무디교회 교인 가운데 양조장을 크게 짓고 개업 예배를 드리게 된 사람이 있었습니다. 양조장 사업이 잘되게 해달라고 기도, 설교, 그리고 축사를 했습니다. 이제 마지막 순서인 축도 시간이 되었습니다. 무디는 두 손을 높이 들고 축복 기도를 했습니다.

"오! 하나님! 이 양조장이 오늘 예배를 드리고 내일 문을 열게 됩니다. 이 문이 열리면 엄청난 술이 생산될 것입니다. 수많은 청소년들이 이 술을 먹고 타락할 것입니다. 수많은 사람들이 술을 먹고 제정신이 아닐 것입니다. 오! 하나님이시여! 제발 오늘밤 이 양조장 주인의 마음을 감동시켜 주셔서 이 양조장 문이 내일 열리지 않게 하여 주시옵소서."

사람들은 예배 후 파티를 하려다가 모두 당황하여 돌아가 버렸습니다. 양조장 주인은 밤새 고민을 했습니다. 한숨도 잘 수가 없었습니다. 새벽에 그는 조용히 기도했습니다. 하나님의 뜻이 무엇인지 다가오기 시작했습니다. 그는 양조장 문을 열지 않기로 하나님 앞에 작정을 했습니다. 그 건물은 후에 무디 신학교가 되었습니다.

성경에서는 "적은 소득이 의를 겸하면 많은 소득이 불의를 겸한 것보다 나으니라"(잠 16:8)고 했습니다. 그리스도인들은 사업을 해도 그 사업으로 돈을 얼마나 많이 벌 수 있느냐 없느냐를 따지기 앞서 그 사업을 하나님께서 기뻐하시느냐 여부를 생각해야 합니다.

그러나 이 시대는 물질이 최고의 가치로 여겨지고 있습니다. 사람들의 관심은 어떻게 하면 돈을 버느냐에 쏠려 있습니다. 하나님께로부터 물질의 청지기로 부름을 받았음에도 불구하고 물질주의라는 우상에 빠져 하나님과 교회를 망각하는 경우를 우리는 주변에서 흔히 볼 수 있습니다.

사람들은 사업이 번창하기만 하면 하나님께 복을 받았다고 생각합니다. 그러나 많은 재물을 얻음으로 인해 오히려 신앙적으로 해가 되는 경우도 있습니다(딤전 6:10).

재물에 대한 인간의 욕심은 끝이 없습니다. 절제되지 않는 욕심은 추하기까지 합니다. 그렇기 때문에 하나님께서는 우리에게 일용할 양식을 구하라고 말씀하시고(마 6:11), 재물에 소망을 두지 말고 오직 하나님께 두며(딤전 6:17), 자족하며 살기를 원하십니다(빌 4:11).

지혜롭고 순결하라

유명한 심리학자 스콧 팩은 자기 완성의 과정을 다룬 「끝나지 않은 길」이라는 책의 첫 문장을 "인생은 어렵다"(Life is difficult)라는 말로 시작하고 있습니다.

인생은 정말 어렵습니다. 바다의 파도처럼 예측하기 어렵고 거의 통제 불가능합니다. 곳곳에 악한 자들이 유혹의 덫을 놓고 기다리고 있습니다.

그렇기 때문에 예수님께서 제자들을 파송하실 때 "내가 너희를 보냄이 어린 양을 이리 가운데로 보냄과 같도다"(눅 10:3)고 하셨습니다. 자녀들을 세상으로 보내는 부모의 심정도 이와 같습니다. 나는 세상을 향해 발걸음을 내딛는 우리 젊은이들에게 뱀같이 지혜롭고 비둘기처럼 순결할 것을 요청합니다.

예수님의 대적자들은 예수님을 함정에 빠뜨리기 위해 납세 문제를 가지고 이것이냐 저것이냐를 물었습니다. 어느 쪽이든 덫이 놓여 있었습니다. 예수님은 "가이사의 것은 가이사에게 하나님의 것은 하나님에게 바치라"는 말씀을 하셨습니다. 예수님은 지혜와 함께 순결함을 지니신 분이었습니다.

예수님은 우리에게 "내가 세상 끝날까지 너희와 항상 함께 있으리라"(마 28:20)고 약속하셨습니다. 어디를 가든지 예수님과 동행하십시오. 이 세상이 험하고 우리가 비록 약할지라도 예수님과 함께 하면 승리할 수 있습니다.

무엇이 성공인가

우리는 성공을 강조하는 세상 속에서 살고 있습니다. 어떻게 하든지 남보다 더 많이 벌고, 더 크게 되고, 더 높이 올라가는 것이 현대인들의 꿈이요, 목표입니다.

하지만 무한경쟁이라는 말이 사용되는 세상 속에서 성공한다는 것은 쉬운 일이 아닙니다. 그러다보니 이기적이고 배타적인 삶을 살게 됩니다. 이러한 분위기 가운데 그리스도인들까지 세상 풍조를 좇아 행여나 뒤질새라 안달합니다.

성공에 집착하게 되면 자연히 급해지고 마음이 좁아집니다. 그러면 기도는 부자연스러운 행동으로 보이고, 자신의 목표를 방해하는 사람들은 모두 밀쳐 버리게 됩니다. 하나님의 음성을 들을 수 없는 위험에 빠져 버립니다.

기독교의 진리는 역설적입니다. 예수님께서 삶을 통해 보여주신대로 높아지려면 낮아져야 합니다. 살려면 죽어야 합니다. 얻으려면 잃어야 합니다. 그리고 비워야 채울 수 있습니다.

이러한 진리를 믿고 실천해야 하는 그리스도인의 삶은 역설적이어야 합니다. 세상 사람들과는 성공의 개념이 달라야 하고 살아가는 방법 역시 달라야 합니다. 세상 사람들의 눈에 이상하게 보여야 합니다.

성공자의 모델

그리스도인의 삶의 목표는 예수님을 닮는 것입니다. 사도 바울은 예수님을 닮으려 했고, 그러한 자신을 본받으라고 했습니다(고전 11:1). 그는 그리스도인들의 성장 목표를 그리스도의 장성한 분량의 충만한 데까지 이르는 것이라고 했습니다(엡 4:13).

예수님은 어떻게 사셨습니까? 사람들에게 배척을 당했고, 가난했습니다. 머리 둘 곳 없는 삶을 살았습니다. 낮은 곳에 임하여 비천한 자들을 섬기며 사셨습니다. 결국에는 십자가에서 죽으셨습니다.

세상적인 관점에서 볼 때 예수님은 결코 성공자가 아닙니다. 실패자요 패배자였습니다. 그러나 예수님의 죽음은 하나님 아버지의 뜻이었습니다.

예수님은 "내가 하늘로서 내려온 것은 내 뜻을 행하려 함이 아니요 나를 보내신 이의 뜻을 행하려 함이니라"(요 6:38~39)고 하셨습니다.

예수님은 하나님 아버지의 뜻을 이루기 위해서 오셨고, 순종하셨습니다. 예수님은 아버지의 뜻을 이룬 분이기에 성공자입니다. 그리스도인들에게 있어서 성공자의 모델은 예수님이십니다.

참된 성공

우리가 이루어야 할 성공은 세상적인 의미에서의 성공과 달라야 합니다. 남보다 더 많은 재물과, 권세와, 명예를 얻고 출세하는 것이 성공이 아니라 나를 향한 하나님의 계획이 무엇인지 발견하고 그 뜻을 좇아 사는 것이 성공입니다.

나는 목사가 되기전 농촌 지도자로서 농촌 계몽운동을 했습니다. 그 일을 하면서 나는 사람들에게 인정도 받고 존경도 받았습니다. 그러나 나를 향한 계획은 목사가 되는 것이었습니다. 하나님께서 내가 목사가 되기를 원하시는한 내가 다른 일로 사람들에게 높임을 받는 일은 결코 성공이라고 할 수 없습니다.

누구에게나 하나님의 뜻이 있습니다. 그 뜻이 무엇인가를 알고 그 뜻에 맞추어 살아야 합니다. 하나님께서는 다윗을 왕으로 세우시고 "내가 이새의 아들 다윗을 만나니 내 마음에 합한 사람이라 내 뜻을 다 이루게 하리라"(행 13:22)고 하셨습니다.

인생의 최대 성공은 우리가 죽을 때 하나님이 우리를 위해 계획해 놓으셨던 것 중 이루지 못한 것이 하나도 없도록 하는 것입니다.

하나님께서는 이 세상에서 봉사하도록 우리를 부르셨습니다. 그리스도인들에게 직업은 소명의 표현이어야 합니다. 우리는 소명에 대한 순종으로 우리의 재능을 신앙 공동체를 위해,

나아가 이 세상을 위해 사용함으로써 하나님의 영광을 나타낼
수 있어야 합니다.

진정한 그리스도인

사도 바울은 우리에게 "그런즉 너희가 먹든지 마시든지 무엇
을 하든지 다 하나님의 영광을 위하여 하라"(고전 10:31)고 말
씀하고 있습니다.

우리는 세상의 가치관이 아니라 성경적 가치관을 가지고 그
리스도인답게 살아감으로써 하나님께 영광을 돌려야 합니다.

누가 우리에게 상상할 수 없이 많은 액수의 돈을 준다고 해
도, 또한 높은 지위를 보장해 준다고 해도 그로 인해 신앙의 도
리에서 벗어나는 일을 하게 된다면 단호히 거부하고 뿌리칠 수
있어야 합니다.

1930년 프로펠러가 하나 달린 단발기를 몰고 대서양을 처음
횡단한 영웅이 있었습니다. 찰스 린드버그입니다. 그는 조그만
비행기를 타고 33시간을 비행하여 대서양을 횡단했습니다. 그
야말로 생명을 건 모험이었습니다. 그가 영웅이 된 후 파리를
방문했는데 그가 온다는 소식을 듣고 수많은 사람들이 몰려들
었습니다.

그 때 어느 큰 담배회사 사장이 이 기회를 이용해 자기 담배
회사를 광고하고 싶었습니다. 그는 린드버그에게 다가가 담배

한 개피를 주면서 말했습니다.

"선생님, 이것을 손에 끼어도 좋고 입에 물어도 좋습니다. 한 번만 포즈를 취해 주십시오. 그러면 사진 한 장 찍는데 대가로 5만 달러를 드리겠습니다."

당시 5만 달러는 대단한 액수였습니다. 그러나 분명한 믿음을 가지고 있었던 린드버그는 이렇게 대답했습니다.

"사장님, 저는 세례 받은 교인입니다."

이 말은 파리 신문에 기사로 나왔고 그 기사는 파리 시민에게 대단한 화제가 되었으며 그리스도인에게는 큰 감동을 주었습니다.

믿음으로 세상을 이긴 사람들의 이야기는 언제 들어도 아름답고 감동스럽습니다. 찰스 린드버그, 그는 분명 성공자입니다. 그러나 그가 하나님 앞에서 성공자인 것은 대서양을 횡단해서가 아닙니다. 그리스도인답게 살았기에 그는 진정한 성공자였습니다.

우리가 이루어야 할 성공은
세상적인 의미에서의 성공과 달라야 합니다.
남보다 더 많은 재물과,
권세와, 명예를 얻고 출세하는 것이
성공이 아니라 나를 향한 하나님의 계획이
무엇인지 발견하고 그 뜻을 좇아 사는 것이
성공입니다.

웰빙 크리스천의 여름

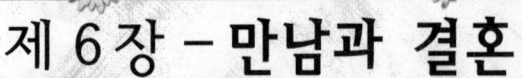

제 6 장 – 만남과 결혼

결혼에 대해 지나친
장미빛 환상을 갖는 것이나,
아예 부정적인 생각을 가지고 결혼을 증오하는 것
모두 올바르지 못합니다. 결혼에는 긍정적인 측면과 아울러
부정적 측면이 있습니다. 양면을 다 볼 수 있어야 합니다.

결혼의 참모습

결혼은 부족한 두 사람이 만나서 함께 사는 것인데, 결혼을 완성이라는 개념으로 여기고 현실을 직시하지 못하는 때가 있습니다. 결혼만 하면 행복이 마구 쏟아질 것으로 착각하는 젊은이들이 있습니다. 부모의 결혼생활을 보면서도 자신은 결코 부모와 같은 결혼생활을 하지 않을 것이라고 생각합니다.

결혼할 때 앞서 결혼한 선배들이 흔히 하는 말들이 있습니다. "이제 좋은 시절 다 지났다", "결혼은 연애의 무덤이다"라는 말입니다. 결혼은 환상의 성취가 아니라, 전쟁의 시작입니다. 여기 저기서 예측하지 못했던 지뢰들이 터집니다. 무수한 책임과 관계에 의한 갈등을 떠 안게 됩니다.

결혼에 대해 지나친 장미빛 환상을 갖는 것이나, 아예 부정적인 생각을 가지고 결혼을 증오하는 것 모두 올바르지 못합니다. 결혼에는 긍정적인 측면과 아울러 부정적 측면이 있습니다. 양면을 다 볼 수 있어야 합니다.

미혼의 젊은이들은 결혼의 허상과 실상을 파악하여 결혼의 참 모습이 무엇인가를 알아야 합니다. 그것은 결국에 결혼을 더 풍성하고 아름답게 만드는 계기가 되게 할 것입니다.

늦어지는 결혼

2002년 통계청이 발표한 자료에 따르면 우리 나라 초혼 연령은 여자 26.8세, 남자 29.6세로 나타나 있습니다. 1955년 평균 초혼 연령은 여자 20.4세, 남자 24.5세였습니다. 대략 50년 격차를 두고 여성의 평균 초혼 연령은 무려 6.4세가 높아졌고, 남성은 5.1세가 높아졌습니다.

결혼이 늦어지는 이유는 무엇입니까? 객관적인 조건으로서 우선 전반적인 교육 수준의 향상을 들 수 있습니다. 남자의 군 복무와 경제적 자립이 결혼의 선행 조건으로 등장하게 되면서, 남자의 결혼 연령이 자연스럽게 상향 조정이 되었고, 여성의 경우 남자의 결혼 연령이 상향조정됨에 영향을 받은 것과 함께 여성의 사회활동이 두드러지면서 결혼 연령도 높아졌다고 볼 수 있습니다.

이런 객관적인 조건의 변화와 더불어 결혼을 둘러싼 가치관의 변화를 생각할 수 있습니다. 요즘 젊은이들에게는 사랑의 종착역이 반드시 결혼일 필요는 없다는 인식이 확산되고 있습니다.

사랑을 전제로 하는 낭만적인 결혼에 대한 환상이 커질수록 그 환상을 충족시켜주는 배우자를 만날 수 있는 기회가 줄어드는 아이러니로 인해 당사자가 의도하든 의도하지 않든 결혼이 지연되기도 합니다.

또한 혼전 성관계의 제약이 약화되면서 결혼하지 않고도 자유롭게 성관계를 즐길 수 있는 사회적 분위기가 조성되고 있습니다. 특히 여성에게만 순결을 강요해 온 이중 윤리의 부당함이 인식되고, 남녀 모두 독신을 매력적인 대안으로 여기는 경향이 증가하고 있습니다

이에 발맞춰 독신자들이 별다른 불편 없이 생활할 수 있도록 1인을 위한 주택과 아울러 식사, 세탁, 청소, 빨래에 이르기까지 다양한 편의 시설이 발달하게 된 것도 결혼 선택의 절실함을 약화시키는 요인으로 작용하고 있습니다.

독신의 가능성

우리 사회에는 독신에 대한 편견이 있습니다. 독신으로 사는

사람에게는 뭔가 문제가 있다고 생각합니다. 과연 독신은 정상적이지 못한 것입니까? 독신도 하나님이 주신 은사입니다.

하나님은 우리가 결혼하여 자녀를 낳고 양육하며 가정을 이끌어 가기를 원하시지만 어떤 사람에게는 독신의 삶을 허용하기도 하십니다. 이 경우 반드시 독신의 은사가 주어져야 합니다. 독신의 은사는 하나님께서 그리스도의 몸의 어떤 지체들에게 주신 특별한 역량으로서 독신생활을 아무런 지장 없이 할 수 있고 성적 유혹도 받지 않는 것입니다.

독신의 은사가 있는지 없는지를 어떻게 확인할 수 있습니까? 타당한 기회가 주어졌을 때 즉시로 결혼하기를 원하는 마음이 있다면 독신의 은사를 가지고 있지 않은 것입니다. 또한 독신생활을 하고 있지만 성적 욕구를 충족시키지 못함으로 말미암아 욕구 불만을 느끼고 있다면 독신의 은사를 가지고 있지 않은 것입니다.

결혼은 필요한가

혼자서 편안하게 살고자 한다면 굳이 가정을 가질 필요는 없습니다. 그러나 사람을 이해하고 더불어 살아야 한다는 사실을 인정한다면 가정은 반드시 필요합니다.

물론 혼자 살면 사람들과의 관계로 갈등할 일이 없습니다. 적당히 거리를 두면 됩니다. 만나고 싶지 않으면 피할 수도 있습니다. 혼자 살면 사람들과 부딪쳐 상처받을 일도 없고, 남을 미워할 일도 없고, 남을 용서하지 못해 고통스러워 할 이유도 없습니다.

그렇기 때문에 D. J 윌디는 독신생활이 갖는 가장 큰 단점은 용서할 사람이 없다는 것을 꼽았습니다. 혼자 사는 사람은 다른 사람을 내 몸과 같이 사랑하는 법을 배울 수 있는 기회를 잃어버립니다.

반면에 가정생활은 공간적, 시간적, 그리고 심리적으로 서로 피할 수 없기 때문에 상처받는 일들이 많이 생겨납니다. 그래서 결혼을 가리켜 '죽기에 가장 좋은 길'이라고 말하는 것입니다. 결혼생활은 매 순간 나 자신에 대해 죽을 수 있는 기회를 줍니다.

가정은 사람이 최초로 만나는 곳입니다. 이곳에서 사람을 이해하고 배우고 성장합니다. 사람과 사람이 더불어 공동체 삶을 살지 않으면 성장하지 못합니다.

가정을 이루기 위한 결혼은 낭만적인 일만은 아닙니다. 두 사람이 살아온 역사, 문화, 습관, 시스템 등 모든 것이 다르기 때문에 서로에게 적응하는 일은 쉽지 않습니다. 그러나 결혼은 도전해 볼만한 모험입니다. 결혼을 너무 쉽게 생각하는 것도 문제이지만 지나치게 두려워하여 적령기를 놓치는 것도 바람직하지 않습니다.

배우자 선택

우리가 살면서 많은 선택을 하면서 살지만 배우자를 선택하는 일만큼 중요한 선택은 없습니다. 배우자 선택은 미혼의 남녀에게 가장 중요한 문제입니다.

성경은 "집과 재물은 조상에게서 상속하거니와 슬기로운 아내는 여호와께로서 말미암느니라"고 했습니다(잠 19:14). 남자의 인생은 어떤 여자를 만나느냐에 달려 있습니다. 여자의 경우도 마찬가지입니다.

빅톨 위고는 "청년들아, 전쟁에 나가기 전에 하나님께 한번 기도 드리고 나가고, 사회생활 속으로 나아갈 때는 두 번 기도 드리고 나아가라. 그리고 결혼하기 전에는 세 번 기도하고 결혼하라"는 말을 했습니다.

이 말은 전쟁터에서 싸우는 것보다 세상 사는 것이 어렵고, 세상 사는 것보다 더 어려운 것이 배우자를 선택하는 일이라는 의미입니다.

배우자 선택은 일생을 좌우하는 일이므로 신중을 기해야 합니다. 현실적이고 합리적인 신념을 가지고 후회를 남기지 않는 최상의 선택을 할 수 있어야 합니다.

자연적 매력

창세기를 보면 삶을 불태워 사랑했던 청춘 남녀, 야곱과 라헬의 뜨겁고 아름다운 사랑 이야기가 나옵니다. 야곱은 곱고 아리따운 라헬을 만나자 마자 첫 눈에 반해버렸습니다. 야곱은 라헬에게 자연적 매력을 느꼈던 것입니다. 자연적 매력은 조건 없이 사람을 끄는 힘이 있어 불꽃 튀는 연애에 빠져들게 합니다.

무일푼이었던 야곱은 사랑하는 여인 라헬과 결혼하기까지 그녀를 얻기 위한 대가로 칠년 동안 무보수로 일했습니다. 그런데 성경은 "야곱이 라헬을 위하여 칠년 동안 라반을 봉사하였으나 그를 연애하는 까닭에 칠년을 수일같이 여겼더라"(창 29:20)고 했습니다. 야곱의 불뜨거운 사랑은 사랑의 위대함을 보여 줍니다.

우리는 자연적 매력을 경시해서는 안됩니다. 배우자를 선택함에 있어서 무조건 모든 처녀, 총각이 다 대상이 되는 것은 아닙니다. 주 안에서 형제, 자매가 되는 데에는 매력의 문제가 상관이 없지만, 결혼의 경우에는 자연적 매력이 중요합니다. 배우자를 구할 때, 일단 상대방과 함께 있는 느낌이 좋아야 합니다. 그와 더불어 그와 짝하는 것이 좋아야 합니다.

자연적인 매력은 결혼에 있어서 무엇보다도 기본적인 조건입니다. 그렇기 때문에 피차 만났을 때 기쁨이 없거나 특별한 이유도 없는데 정이 생기지 않는 경우에는 아무리 다른 조건이 좋을찌라도 그 사람은 결혼 상대가 될 수 없습니다.

합리적인 신념

누구나 야곱과 라헬과 같은 사랑을 할 수 있는 것은 아닙니다. 평범한 생활 가운데 바람직한 선택을 위해서는 무엇보다도 현실적이고 합리적인 신념을 가지고 있어야 합니다. 결혼에 대한 잘못된 생각은 기본 목표를 달성하는데 방해가 되고, 배우자 선택 과정에서 우유부단하게 되며 실망과 좌절과 고통을 경험하게할 수 있습니다.

어떤 사람은 '내 상대는 완벽한 사람이어야 한다'는 신념을 가지고 있습니다. 이러한 사람은 '저 사람이 나에게 어울리나 어울리지 않나' 성급하게 평가하려고만 하지 진정한 자기 개방이나 친밀한 관계를 발달시킬 여유가 없이 단지 '파트너 쇼핑'에만 급급합니다.

이 세상에 완벽한 사람은 없습니다. 완벽한 상대를 만나려는 것은 비합리적인 기대입니다. 완벽은 처음부터 주어지는 것이 아니라 둘이서 가꾸어 나가는 것입니다.

또 어떤 사람은 '노력만 하면 된다'는 신념을 가지고 있습니다. '누구든지 나를 데려가기만 해달라'는 식입니다. 이러한 사람은 배우자 선택을 너무 쉽게 해버립니다. 따라서 상대방과의 조화로움, 가치, 목표, 상대방의 집안 등을 신중하게 고려하지 않고 미성숙한 결혼을 할 가능성이 높습니다.

결혼이란 한 사람만 노력한다고 해서 되는 일이 아닙니다. 왜냐하면 부부 관계는 상호적 관계로서, 관계상의 문제를 해결하기 위해서는 공동의 노력이 요구되기 때문입니다. 한 사람이 노력한다 해도 상대방이 응하지 않아 불행한 결혼생활을 하는 경우도 많습니다.

또 어떤 사람은 '특성이 달라야 서로 보완할 수 있다'는 신념을 가지고 있습니다. 옛날부터 결혼할 상대는 자기와 반대의 특성을 가진 사람이 좋다는 주장을 하는 사람들이 많이 있었습니다. 실제로 자신과 반대되는 사람에게 매력을 느낍니다.

그러나 두 사람 간의 특성이 너무 다르다보면 서로를 이해하는데 어려움이 있습니다. 상대방의 다른 점을 존중할 수 있는 성숙함이 결여되었을 경우 결혼 전 매력을 주던 것들이 결혼 후에는 갈등의 요인이 될 수 있습니다.

결혼은 하나를 목표로 하여 두 사람이 함께 항해하는 일입니다. 따라서 가치관, 비전, 취미 등이 비슷해야 결혼 후 적응하기 쉽습니다.

또 어떤 사람은 '서로 사랑하기만 하면 된다'는 신념을 가지고 있습니다. 사랑에 빠지기는 쉽습니다. 사랑에 깊이 빠진 남녀는 황홀한 감정만 가지고 결혼을 생각하게 됩니다. 결혼만 하고 나면 마냥 행복하고 온 세상이 항상 장밋 빛처럼 보일 줄로 생각합니다.

사랑에 빠져 결혼하는 경우는 성적 충동, 고독으로부터의 도피, 신경증적인 애착일 가능성이 높습니다. 이런 식의 결혼은 십중팔구 후회하고 절망에 빠질 수밖에 없습니다.

결혼할 때 로맨틱한 사랑도 중요합니다. 하지만 결혼은 인생의 고달픈 노정을 언제나 함께 해야 하며 책임을 떠맡는 것이기 때문에 성숙한 사랑으로 가꾸어 나갈 수 있는 자세와 능력을 가지고 있는가 살펴볼 필요가 있습니다.

마음에 드는 상대가 있으면 공동체 활동을 통해 결혼 가능성을 확인해 보는 기회를 갖는 것도 필요합니다. 그것은 일대일로 만날 때 볼 수 없는 상대방의 대인 관계를 관찰할 수 있기 때문입니다.

요즘 사람들은 외적인데 치중하는 경향이 있으나 겉으로 보이는 외모, 조건, 매력 등은 세월이 흘러가면서 함께 사라질 수 있는 것들입니다. 상대방의 인격적인 수준과 영적인 모습이 어떠한지 볼 수 있어야 합니다.

또한 만나 대화할 때마다 서로 어느 정도까지 마음을 터놓을 수 있는 깊은 대화가 가능한지 점검해야 하며, 같이 있을 때가 혼자 있을 때보다 창조적인지 알아보아야 합니다. 만남으로 인해 서로 간에 발전과 성장이 이루어지고 있다면 그것은 좋은 만남이라고 할 수 있습니다.

선택의 주도권

성경적 결혼은 부모로부터 독립하여 자신의 삶을 사는 것입니다. 건강한 결혼생활을 하려면 부모님의 통제, 간섭, 의존에서 벗어나야 합니다. 그렇기 때문에 배우자 선택의 주도권은 자신이 가져야 합니다.

물론 내가 교제하는 사람을 부모님이 심하게 반대하는 경우에는 부모님의 의견에 귀를 기울여야 할 필요가 있습니다. 많은 경우, 부모님의 심한 반대에는 타당성이 있습니다. 부모 외에 선배나 어른들의 충고에 귀를 기울이면 많은 지혜를 얻을 수 있습니다.

그러나 부모님의 반대가 돈, 명예, 체면 등 세상적인 가치관에서 비롯된 것이라면 확고하게 자신의 의견을 주장할 필요가 있습니다. 부모님과 신앙이나 가치관에서 심하게 다툴 경우 마지막 주도권은 내가 가지고 결정해야 합니다.

자신이 성인이라는 사실을 받아들이고 자신의 인생을 스스로 계획하고, 스스로 결정해야 합니다. 스스로 결정한다는 것은 스스로 책임지는 것을 의미합니다. 배우자 선택의 궁극적인 책임은 나에게 있습니다. 자신의 신념과 확신을 가지고 배우자를 선택해야 합니다.

주님이 원하시는 눈 높이

배우자를 선택하는 일이 늦어지는 데는 눈 높이에 문제가 있습니다. 흔히 하는 말로 나이가 들수록 상대를 고르는 눈이 높아진다고 합니다. 과거에 좋은 조건의 사람을 만나 교제한 경험이 있는 사람은 그만큼 선택하기가 어렵습니다. 과거의 사람과 비교하지 말고 현실을 인정하며 마음과 눈을 낮춰야 합니다. 그러면 의외로 짝을 빨리 발견할 수 있습니다.

결혼이 늦어지는 것은 인간적인 고집과 불순종 때문이라고 할 수 있습니다. 하나님께서 이런 저런 사람을 만나게 하시면서 기회를 제공하셨는데 거부했을 뿐입니다.

사람들은 결혼을 통해서 내가 뭔가 유익을 얻기 원합니다. 상대방을 고르는 모습들을 보면 다분히 자기 중심적이고 이기적입니다. 그러나 주님은 결혼을 통해 내가 상대방에게 무엇을 얻기보다는 상대방에게 뭔가 유익을 주기 원합니다.

서로가 자신보다 한 계단 높은 곳에 있는 사람을 고르려고 하다보면 눈 높이를 맞출 수 없습니다. 결혼은 상대방을 위한 헌신을 목적으로 하는 것입니다. 그러므로 인간의 욕심과 고집과 불순종을 버리고 주님이 원하시는 눈 높이에 맞춘다면, 서로 한 계단 눈 높이를 낮춘다면 좀 더 빨리 결혼할 수 있을 것입니다.

결혼은 신성한 것입니다. 그리스도인들은 배우자를 고르는 데 있어서도 하나님의 인도를 받아야 합니다. 하나님의 뜻을 알기 위한 간절한 기도와 하나님의 말씀, 그리고 성령의 인도하심이 필요합니다.

결혼생활 준비

어느 날 갑자기 여행을 가고 싶다고 해서 훌쩍 여행을 떠날 수 있는 것이 아닙니다. 비행기를 타려면 미리 표를 준비해야 하고, 자신의 자동차로 떠난다고 해도 차량을 점검하는 등 여러 가지 준비를 필요로 합니다. 학생들은 대학에 들어가기 위해서, 또한 회사에 들어가기 위해서 얼마나 많은 시간과 노력을 투자합니까?

그러나 사람들은 정작 인생에서 가장 중요한 결혼을 위해서는 별로 준비하지 않습니다. 아마 운전면허를 따기 위해 준비하는 기간보다 결혼 준비, 부모가 되기 위한 준비에 보내는 시간이 더 짧다는 말이 있습니다. 사람들이 생각하는 결혼 준비는 결혼식 준비일 뿐입니다.

젊은이들은 결혼생활을 준비해야 합니다. 그 준비는 좋은 아내와 남편을 구하기 앞서 자신이 먼저 훌륭한 남편감이 되고 좋은 아내감이 되는 것입니다.

서로의 차이를 연구하라

성경을 보면 "두 사람이 함께 누우면 따뜻하거니와 한 사람이면 어찌 따뜻하랴 한 사람이면 패하겠거니와 두 사람이면 능히 당하나니 삼겹줄은 쉽게 끊어지지 아니하느니라"(전 4:11~12)고 했습니다.

결혼은 시너지(synergy)와 같습니다. 다른 두 사람이 만나 무한한 상승 효과를 낼 수 있습니다. 서로 부족한 면을 보완하기 때문에 훨씬 효과적인 삶을 살 수 있습니다. 그러기 위해서는 기본적으로 서로를 알아야 합니다.

데이트는 결혼생활을 위하여 남녀가 서로를 알아 가는 과정입니다. 상대방의 장점도 알아야 하지만 단점도 알아야 합니다. 세상에 약점 없는 사람은 없습니다. 장점은 매력 포인트로 간직하고, 약점은 내가 보완해 주기 위해 알아야 합니다. 결혼은 서로에게 도움을 주어야 합니다.

한 남자와 한 여자가 만나 결혼할 때 서로를 속속들이 다 알았기 때문에 결혼을 하는 것은 아닙니다. 사람들이 결혼하는 것은 기본적으로 서로를 신뢰하기 때문에 상대방에게 나머지 일생을 투자하기로 결단을 하였기 때문입니다.

몸이 아파 병원에 가면 의사는 지나치리만큼 자세하게 그리고 여러 차례 검진을 합니다. 그 이유는 병의 원인을 정확히 알아내기 위해서 입니다. 병을 올바로 알아야 적합한 처방을 내릴 수 있는 것처럼 부부관계의 성장과 발전을 위해서도 자신과 배우자에 대한 올바른 지식을 가져야 합니다.

상대방에 대한 성격 이해만 가지고서는 부족합니다. 더 근본적인 남녀의 차이를 알아야 합니다. 우선 남자와 여자는 신체 구조도 다르고 몸 안에서 분비되는 호르몬도 다릅니다. 남자는 섹스를 위해 사랑을 하지만, 여자는 사랑을 위해 섹스를 합니다.

대화할 때 남자는 이야기를 들으면서 문제를 해결해 주어야 한다고 생각하기 때문에 과정보다 결론부터 이야기하고 싶어 합니다. 반면에 여자는 과정을 이야기하며 감정을 공유하기 원합니다.

남자들은 대화를 통해 상하관계를 설정하고자 합니다. 그렇기 때문에 남자들이 끊임없이 허풍을 떨며 자신을 과시합니다. 남자들은 누군가에게 길을 묻는 것을 죽기보다 싫어합니다.

인간관계를 상하조직으로 보는 남자들 세계에서는 길을 물음으로써 정보 부족을 노출시키는 것은 낮은 지위를 자청하는 일입니다. 따라서 남자들은 시간을 낭비하더라도 혼자 힘으로 길을 찾습니다. 그러나 여사들은 전혀 창피해하지 않고 다른 사람에게 도움을 청합니다.

이처럼 다른 점을 갖고 있는 배우자가 자신과 똑같이 생각하고 행동해 주기를 바라는 것은 지나친 욕심입니다. 서로의 차이를 알기만 해도 쓸데없는 신경전을 벌이지 않게 됩니다.

바람직한 일은 결혼에 앞서 결혼예비학교 프로그램에 참여

하여 서로의 차이가 무엇인지를 공부하는 것입니다. 만약 그럴 수 없는 형편이라면 관련 서적을 읽으면서 남자와 여자, 기질, 성격의 차이에 대한 폭넓은 지식을 쌓아야 합니다.

가족 문화를 이해하라

도시에서 성장한 사람과 시골에서 성장한 사람의 음식 취향은 매우 다릅니다. 또한 지방마다 차이가 있습니다. 출신지역이 다른 어떤 부부는 신혼 초기에 시댁과 친정에서 가져온 두 종류의 김치를 식탁에 올렸다고 합니다. 그리고 남편은 생선을 좋아하고 아내는 채소를 좋아해서 식사 때면 갈등이 있었다고 합니다.

이것은 한 예에 불과합니다. 가족마다, 지역에 따라 독특한 문화가 있습니다. 호남 지역에서는 자매들 간의 호칭이 특이합니다. 아랫 사람이 윗 사람을 향해 '자네' 라는 말을 씁니다. 이런 관습들을 미리 알지 못하면 사소한 일로 다투거나 오해할 수 있습니다.

모든 일에 때가 있는데, 상대방에 대한 연구도 때가 있습니다. 결혼 전에는 서로에 대해 관심이 많고 서로를 알려고 노력하지만 결혼 후에는 그러한 노력과 관심이 시들해져 버리고 함께 사랑도 식어져 갑니다.

그러므로 결혼 전 서로의 성장 배경 뿐 아니라 상대방의 가족들을 미리 만나보고, 그 가정의 역사와 가족들의 기호, 습관, 취미, 성격, 가치관 등을 충분히 파악하고 이해할 필요가 있습니다.

순결을 유지하라

부부 갈등의 요인은 크게 두 가지로 요약할 수 있습니다. '성격 차' 아니면 '성 격차' 입니다. 결혼한 부부들 가운데 신체적으로 아무 이상이 없음에도 불구하고 성생활이 원활하지 못한 경우, 혼전 성관계가 원인인 경우가 많습니다. 우리의 가장 중요한 기관은 우리의 마음입니다.

어떤 사람이 혼전 성관계로 비롯된 자신의 불행한 결혼생활을 다음과 같이 고백하였습니다.

"제 결혼은 완전 실패입니다. 아내와 침실에 들 때마다 과거 다른 여자와 가졌던 성 관계의 기억들이 떠오릅니다. 저는 아내를 위해 제 순결을 보호하고 싶었지만 그렇게 하지 못했기 때문에 아내에게 심한 죄책감을 느낍니다. 지금 저는 그 대가를 치르고 있으며 이것이 우리 관계를 악화시키는 이유입니다."

금단의 과실을 먹을 때는 야릇한 흥분감을 느끼게 됩니다. 사실 사서 먹는 수박보다 과수원에서 서리한 수박이 더 맛있는 법입니다. 혼전 성교는 금단의 과실과 같아서 묘한 즐거움과 흥분감을 가져다줍니다.

미국 위스콘 대학교의 사회학 교수이며 감리교 목사인 래이 E. 쇼트는 '혼전 성교가 결혼에 미치는 영향'에 대해서 아홉 가지 사실을 밝혀냈습니다.

첫째, 결혼 전에 헤어지기 쉽다.

둘째, 숫처녀를 원하는 남자는 결혼생활을 꺼림칙하게 생각하기 쉽다.

셋째, 결혼생활이 불행하기 쉽다.

넷째, 결혼 후에 간통하기 쉽다.

다섯째, 이혼하기 쉽다.

여섯째, 그릇된 판단으로 결혼하기 쉽다.

일곱째, 결혼 후 성생활에 쉽게 적응한다. 하지만,

여덟째, 장기적으로는 결혼의 성생활에 만족하지 못한다.

아홉째, 완전한 섹스(정신의 결합, 감정의 결합)를 즐기지 못하게 된다.

순결을 유지할 때 문란한 성관계로 말미암아 비롯되는 질병과 성관계에 따른 결과들, 즉 죄책감이나 임신에 대한 걱정 없이 마음의 평화를 누릴 수 있습니다. 그리고 순결은 한 남자가, 또는 한 여자가 그의 배우자에게 줄 수 있는 최상의 선물입니다.

사랑은 "모든 것을 참으며 모든 것을 믿으며 모든 것을 바라며 모든 것을 견디느니라"(고전 13:7)

결혼식

일단 결혼을 위한 본격적인 단계에 돌입하면 결혼식을 위한 많은 과제가 기다리고 있습니다. 양가 상견례, 예단, 결혼식장, 주례자 선정 및 인사, 청첩장과 순서지 준비, 드레스와 예복, 화장, 사진 촬영, 예식후 접대, 살림 장만, 신혼여행 준비 등입니다. 이 내용들을 각 분야별로 세부적으로 말하자면 끝이 없습니다.

그리스도인들은 남에게 보이기 위한 것보다는 실제적인 것에 집중해야 합니다. 결혼식장의 경우 일반 예식장보다는 조건이 열악해도 예배당이 좋고, 목사님을 주례자로 모시고 예배로 드리는 것이 좋습니다. 그 이유는 결혼의 신성함과 언약 관계를 분명히 할 수 있기 때문입니다.

결혼 예배가 일시적인 의식이 아니라 평생토록 잊을 수 없는 예배가 되기 위해서는 주례자와 신랑과 신부, 그리고 양가의 부모들이 참여하여 준비해야 합니다.

독특한 순서

결혼 예식에는 형식이 있습니다. 그런데 형식에 치중하다보면 내용이 부실하고, 내용에 치우치다보면 자칫 혼란스러울 수 있습니다. 그러므로 형식과 내용이 잘 조화되어야 합니다.

우리 교회에서는 결혼 예식 때 통상적으로 행해지는 순서에 몇 가지 독특한 내용들을 첨가하고 있습니다. 참고로 2001년 12월에 있었던 어느 성도 자녀들의 결혼식 순서지의 내용을 소개하고자 합니다.

순서지는 6단으로 만들어졌습니다. 신랑, 신부의 인사 말씀은 기본적인 것입니다. 특별한 것은 주례 목사님의 권면의 말씀이 끝난 후 부모의 바램을 성우들이 대독하는 시간을 가진 것입니다.

다음의 내용은 신랑측 어머니가 아들을 향한 당부입니다.

사랑하는 아들에게

○○아!

오늘은 더없이 기쁜 날이구나.

네가 태어나던 날과 처음 학교에 입학하던 날의 감격이 엊그제 같이 생각나는데 어느새 장성하여 오늘 결혼에 이르고 보니 감개가 무량하구나.

벼가 여물어 추수를 끝낸 들판이 아름답고 감사해 보이듯 오늘 너의 결혼은 참으로 아름답고 감사하구나.

너와 같이한 30년 가까운 세월동안 기쁘고도 즐겁고, 또 몸이 아프고, 마음이 아프고, 힘든 일들도 많이 있었으나 이제 성숙하여 귀한 배필을 맞아 백년가약을 맺으니 함께 하여 주신 고마우신 분들과 같이 온 마음으로 기뻐하며 축하한단다.

네가 태어났을 때, 특별히 돌아가신 할아버지, 할머니께 크나큰 기쁨이었듯이 사회에서는 꼭 필요한 사람이 되고 가정에서는 존경받는 가장이 되어라.

사랑스런 아내와 인생의 동반자로서 같이 걸어갈 때 내 몸과 같이 아끼고 서로 신뢰하며 이해하여 아름답고 귀한 가정 이루기 바란다.

맏이기 때문에 엄한 아버지 밑에서 자랄 때 미쳐 다 받지 못한 사랑, 아내에게서, 장인, 장모님께 듬뿍 받기 바란다.

아들아, 축복하며 사랑한다.

기쁜 날에 엄마가

다음은 신부측 어머니가 딸에게 주는 당부인데 한 편의 시입니다.

딸아

꿈이 향기로워 더욱 해맑은 딸아
한 송이 꽃으로 피었구나

결혼은
함께 파도를 헤쳐 나가는 것이리니

주 안에서
빛으로 하나되어

모든 것을 참으며
모든 것을 믿으며
모든 것을 바라며
모든 것을 견디느니

먼 훗날
서로는 기쁨이요 사랑이 되리

딸을 사랑하는 엄마가

그리고 다음과 같은 '부부 십계명'을 실었습니다.

부부 십계명

1. 동시에 화내지 마시오.
2. 큰소리를 내지 마시오.

3. 눈으로 상대방의 흠을 보지 말고 입으로 약점을 말하시오.

4. 실수는 재론하지 마시오.

5. 남과 비교하지 마시오.

6. 사랑을 잊지 마시오.

7. 분을 품고 잠자리에 들지 마시오.

8. 대화를 끊지 마시오.

9. 단념하지 마시오.

10. 하나님을 따돌리지 마시오.

그 외에 친구들의 축가나 축시 등의 순서를 넣어서 평생 잊을 수 없는 결혼 예식이 되도록 준비하고 결혼식에 앞서 주례자와 만나 예행 연습을 해 보는 것이 필요합니다.

혼인 서약

결혼 예배에서 사용되는 혼인 서약은 성경의 원리에 입각하여 만들어진 것을 사용합니다. 기독교 각 교단마다 예식서가 있습니다. 그 내용을 보면 표현상 약간씩 차이가 있기는 하지만 거의 비슷합니다. 죽음이 두 사람을 갈라놓을 때까지 서로에게 헌신할 것을 다짐하는 것입니다.

혼인 서약은 신랑과 신부가 평생토록 지켜야 할 약속이므로 그 내용을 충분히 이해하고 고백적으로 서약할 수 있어야 하는

데 신랑, 신부는 예식 당일 처음으로 그 서약을 듣고, 듣는 그 순간 생각해 볼 틈도 없이 진행이 됩니다.

그렇기 때문에 대부분의 기혼자들은 혼인 서약의 내용을 잊고 삽니다. 아마 무슨 내용으로 서로가 서약을 했는지 기억조차 하지 못하는 사람이 많을 것입니다.

혼인 서약은 서로에게 대한 약속이므로 당사자들이 직접 내용을 생각하면서 준비해 보는 것이 좋다고 생각합니다. 그래서 나는 주례를 부탁 받으면 신랑 신부에게 직접 혼인 서약문을 준비하도록 요청합니다. 물론 작성 방법을 가르쳐 주고, 작성해 오면 내용을 검토하고 필요에 따라 문구를 수정해 주기도 합니다.

영적인 혼수

혼수 준비도 그리스도인들은 달라야 합니다. 혼수에는 두 가지가 있습니다. 눈에 보이는 것과 눈에 보이지 않는 것입니다. 사람들은 그 동안 집, 자동차, 가구, 보석, 전자제품, 이불, 그릇 등 눈에 보이는 혼수를 중시해 왔습니다. 하지만 그것들은 결코 행복을 보장해 주지 못했습니다.

그러므로 그리스도인들은 이제는 눈에 보이지 않는 혼수, 그것도 다른 사람들이 미처 준비하지 못한 영적인 혼수에 눈을 돌려야 합니다.

결혼 후 행복한 가정을 만들기 위해 남편은 어떤 노력을 할 것인지, 아내는 남편을 위해 가정을 어떻게 꾸밀 것인지, 가정 경제는 누가 관리하고 가사는 어떻게 분담할 것인지, 부부 간의 성장을 위해 어떤 노력을 할 것이며 가정을 건강하게 꾸려가기 위해 어떤 규칙들을 세울 것인지 등을 정해 두어야 합니다. 그리고 가급적 그 규칙들을 문서로 기록하면 그것은 그 어느 것보다 소중한 혼수가 될 수 있습니다.

제 7 장 – 결혼생활

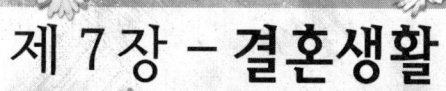

결혼은 궁극적으로 하나가 되는
것입니다. 따라서 상대방의 장점 뿐 아니라
단점까지도 나의 일부로 받아들이는 전적인
수용이 필요합니다. 이러한 수준에 이르기 위해서는
적응의 과정이 필요합니다.

결혼생활의 적응

결혼은 잔잔히 흐르던 두 강이 함께 만나는 것과 같습니다. 물줄기가 마주치게 되면 큰 물결이 일어납니다. 그러나 그 물결은 곧 잔잔해지고 더 깊고 웅장한 모습으로 흘러가게 됩니다. 결혼에 잘 적응하면 혼자일 때보다 더 큰 일, 더 큰 행복을 맛볼 수 있습니다.

결혼은 궁극적으로 하나가 되는 것입니다. 따라서 상대방의 장점 뿐 아니라 단점까지도 나의 일부로 받아들이는 전적인 수용이 필요합니다. 이러한 수준에 이르기 위해서는 적응의 과정이 필요합니다.

적응한다는 것은 '무엇이 상대방을 괴롭히는가' 를 발견하는 일이며, 상대방에게 요구하는 것이 아니라 내가 상대방에게 맞추어 가는 것입니다.

결혼 생활의 적응은 부부가 평생토록 힘써야 할 과제로서 네 가지 영역으로 나누어 볼 수 있습니다.

육체적 적응

부부는 육체로 동거합니다. 그래서 부부는 한 몸이라고 말합니다. 남자의 경우는 부부 간의 성관계는 남자다움을 확인할 수 있게 해주며, 여자의 경우는 자신이 사랑스럽고 매력적인 존재라는 느낌을 갖도록 합니다.

부부 간의 성관계는 친밀감에 대한 욕구의 표현입니다. 부부에게 있어서 하나됨은 성관계에서 절정을 이룹니다. 남편은 아내를 통해서, 아내는 남편을 통해서 성적 욕구에 대한 만족을 얻을 수 있어야 합니다.

바울은 욕정을 참지 못하면 결혼하라고 충고하였는데, 그만큼 성적 욕구는 중요한 것입니다. 부부가 하나되기 위해서는 기본적으로 성적인 문제가 없어야 합니다.

결혼 초기에는 육체적 적응이 대단히 중요한데 대개는 별 무리 없이 이루어집니다. 하지만 남편과 아내가 자신들의 모든 시간을 침대에서 보낼 수는 없습니다. 그렇기 때문에 육체로만 동거해서는 부부 관계가 오래 가지 못합니다.

오늘날 가정이 위기를 맞고 있는 것은 수많은 부부가 육체로만 동거하기 때문입니다. 어떤 부부들은 결혼 생활 도중 섹스에 대한 것 이외는 아무 것도 생각할 줄 모르는 부부도 있습니다. 부부 관계에서의 참된 만족과 행복은 육체적 관계를 넘어 더 깊고 친밀한 정서적, 영적 교제가 이루어지고 성숙해질 때 다가옵니다.

정서적 적응

육체적 적응에 비해 정서적 적응은 시간이 걸립니다. 서로 다른 환경에서 20~30년 동안 살다가 어느 날 갑자기 마음이 하나가 되는 일은 쉬운 일이 아닙니다. 육체적 친밀감은 성관계를 통해서 이루어지지만 정서적인 친밀감은 대화를 통해서 만들어집니다.

틈만 나면 대화를 하고 싶은 존재가 여자입니다. 아내가 병이 났다면 십중팔구는 대화를 하지 못해서 병이 나는 것이라고 보면 됩니다. 하루 중에 아내의 이야기를 적어도 30분 정도는 들어 주어야 아내가 행복할 수 있습니다.

아내는 남편이 자신의 이야기를 들을 때 가르치려고 하지 않고 인정하며, 있는 그대로 받아들여 줄 때 행복감을 느낍니다.

아내가 말을 할 때 가장 절망감을 느낄 때는 남편이 문제를 해결해 주려고 나설 때입니다. 가르치려고 할 때입니다. 있는 그대로 들어만 주기를 원합니다.

그러나 남자들은 직장 생활에 바빠서 아내와 대화하는 시간을 별로 갖지 못합니다. 대화를 해도 주제에 한계가 있습니다. 친밀한 부부 관계 내에서는 대화를 나눌 수 없는 주제들이 있을 수 없습니다. 만약 자유롭게 모든 것에 관해서 대화를 나눌 수 없는 부부라면 대화의 방법을 점검해 보아야 합니다.

대화는 인격과 인격의 만남입니다. 가장 훌륭한 대화의 기술은 상대방의 인격을 존중하는 것입니다. 상대방을 귀하게 여겨야 합니다. 그렇게 할 때 진정한 대화가 이루어지며 부부의 친밀 관계도 증진될 수 있습니다.

영적인 적응

남편과 아내는 서로를 진정으로 사랑하지 않아도 서로를 위해 많은 일을 할 수 있습니다. 그러나 그 수준으로는 하나님이 부부를 위해 만들고 설계하신 고차원적인 친밀감은 누릴 수 없습니다.

부부의 깊은 친밀 관계는 영적으로 하나되는 단계에서 이루어집니다. 이를 위해서는 부부간에 하나님의 말씀을 통한 교제가 있어야 합니다. 바울은 "그리스도의 말씀이 너희 속에 풍성히 거하여 모든 지혜로 피차 가르치며 권면하고 시와 찬미와 신령한 노래를 부르며 마음에 감사함으로 하나님을 찬양하고"(골 3:16)라고 말씀합니다.

신앙 생활은 더불어 하는 것입니다. 서로 은혜를 나누고 교제해야 합니다. 말씀의 은혜는 다른 사람과 함께 나눌 때 더욱 풍성해 집니다. 부부는 온전한 하나됨을 위하여 함께 성경을 읽고, 함께 찬양하고, 함께 기도할 수 있어야 합니다.

예수님은 "진실로 너희에게 이르노니 너희 중에 두 사람이 땅에서 합심하여 무엇이든지 구하면 하늘에 계신 내 아버지께서 저희를 위하여 이루게 하시리라"(마 18:19)고 하셨습니다. 교회 공동체가 한마음으로 기도하면 하나님께서 응답하시겠다는 것입니다. 두 사람은 합심할 수 있는 최소 단위로서 기본적으로 부부관계를 의미합니다.

모세는 기도의 처소인 시내산에 올라가서 하나님이 그를 '친구'라 부르실 정도로 거기에 오래 있었습니다. 하나님께서 어떻게 그를 친구라 칭할 수 있었습니까? 기도로 친밀해졌기 때문입니다.

마찬가지로 부부가 함께 기도할 때 가까워질 수 있습니다. 부부에게 있어서 서로를 위한 가장 깊은 애정 표현은 바로 기도입니다. 서로를 위해 진정으로 영적 기도를 드릴 수 있는 부부 사이는 육체적으로 연합했을 때보다 더 친밀하게 됩니다. 이것이 영적인 연합입니다.

성적인 관계와 영적 연합은 별개의 것입니다. 진정 부부가 하나되기를 원한다면 남편과 아내가 함께 기도해야 합니다. 함께 기도하는 부부는 하나될 수 있습니다. 함께 기도하는 가정은 하나될 수 있습니다.

가족 관계에의 적응

만족스럽고 행복한 부부관계를 발전시키기 위해서는 부부관계 외에 다른 가족들과의 경계가 분명하면서도 개방적이어야 합니다. 특히 부모와의 관계가 중요합니다.

결혼은 한 침대에 6명이 누워 있는 것이라고 합니다. 남편과 아내, 그리고 양가의 부모입니다. 결혼 전에는 한 부모를 모셨지만 결혼 후에는 두 부모를 모셔야 합니다. 그리고 확대된 가족 관계에 적절히 적응할 수 있어야 합니다.

사랑에 빠져 있을 때에는 두 사람만 친밀하면 가족들과의 관계가 어떻든 상관 없을 것 같은 생각을 합니다. 그러나 부부가 아무리 사랑하더라도 부모님과의 사이가 불편하면 부부 사이도 원만하지 못하게 됩니다.

흔히 배우자가 자기 부모에게 소홀히 하는 일로 섭섭한 마음을 갖게 되고 갈등의 요인이 됩니다. '내 부모보다 상대방의 부모에게 더 잘한다'는 생각을 가진다면 갈등은 쉽게 해결될 것입니다.

남편의 역할

여자들은 결혼을 하면 가정이 삶의 전부인 반면 남자들에게
는 삶의 일부입니다. 남자들은 직장과 사회에서 자신의 역할과
성공에 몰두합니다. 그러나 교수로서 존경받게 된 것은 어디까
지나 교수로서의 성공일 뿐이고, 사업이 번창하게 되면 사업가
로서의 성공일 뿐입니다.

남자가 결혼했으면 남편으로서 성공해야 합니다. 즉 아내와의
관계에서 성공해야 합니다. 아내에게 인정을 받아야 합니다.

아내들이 남편에게 바라는 다섯 가지는 부드러운 보살핌, 대
화 상대, 신뢰감, 경제적 안정, 가정에 헌신하는 모습입니다. 이
런 점을 감안하여 남자들은 남편의 역할을 수행할 수 있어야 합
니다.

아내의 머리

하나님은 남자를 여인의 머리로 만드셨습니다(엡 5:23). 지
체는 어느 부분이 없어도 사람의 생명에는 지장이 없습니다.

그러나 머리가 죽으면 사람의 생명도 끝이 납니다.

아내에게 있어서 남편은 생명과 같은 존재입니다. 물론 아내가 남편보다 돈도 더 많이 벌고 유능한 경우도 있습니다. 그러나 하나님께서 남편을 가정의 머리로 삼으신 것은 우열의 차원에서가 아니라 질서의 차원에서입니다.

가정이 잘 되려면 남편들이 머리 역할을 잘 해야 하고 아내들은 남편을 머리로 인정해야 합니다. 남자는 머리 노릇만 하게 해주면 모든 것을 다 빼앗기고도 행복해 합니다. 그러므로 지혜로운 여성은 남편에게 순종하고 남편에게 속한 모든 것을 소유합니다. 가정을 향한 하나님의 복은 남편들이 가정에서 머리로서 제 기능을 다 할 때 쏟아지게 됩니다.

사랑의 주도자

남자가 여자에게 한 눈에 반하게 되면 그녀를 얻기 위해 다른 것에는 관심이 없어집니다. 사랑이 펄펄 끓어서 어쩔 줄 몰라 합니다. 그 동안 한 번도 쓰지 않았던 편지를 매일 쓰기도 하고, 어떤 사람은 장미꽃 1천 송이를 여자에게 바치며 사랑을 고백하여 결혼 승낙을 받아 내기도 합니다.

이러한 남자들의 온갖 사랑의 행위는 오직 결혼을 위한 것입니다. 그렇기 때문에 결혼하고 나면 언제 그랬나 싶을 정도로 달라집니다.

많은 남자들이 성적인 욕구를 사랑으로 오해합니다. 욕구와 사랑은 같은 것이 아닙니다. 사랑이 없어도 성은 얼마든지 존재합니다.

하나님께서 남편들에게 요구하는 아내에 대한 사랑은 희생적인 사랑, 자기를 주는 사랑입니다(엡 5:25). 대부분의 남자들은 이것을 잘 이해하지 못합니다. 왜냐하면 이 사랑을 이해하기 위해서는 예수 그리스도의 십자가 사랑을 알아야 하기 때문입니다.

가정의 제사장

하나님께서는 남자들에게 가정의 제사장 역할을 수행하도록 맡기셨습니다. 제사장의 역할을 현대적으로 표현하면 가정의 목회자가 되어야 한다는 뜻입니다. 아브라함이나 욥을 보면 가족들을 데리고 하나님께 예배를 드렸습니다. 지금도 유대인들은 아버지가 가정에서 예배를 인도하며 제사장 역할을 하고 있습니다.

그러나 우리 나라의 경우 많은 가정에서 남자들이 영적으로 제사장으로서의 사역을 하지 못하고 있을 뿐 아니라 제사장 역할을 감당해야 한다는 사실조차 깨닫지 못하고 있습니다.

그러다 보니 상대적으로 신앙생활에 열심인 아내들이 자연히 가정에서 제사장 역할을 하게 됩니다. 그렇게 되면 가정의 영적 질서가 무너지게 됩니다. 가정이 제대로 되기 위해서는 남편들이 아내와 자녀들과 함께 기도하고 하나님의 말씀을 나눌 수 있어야 합니다.

성공적인 결혼 생활의 필수 요건은 남자가 하나님의 사람이 되는 길입니다. 많은 결혼 생활이 흔들리는 이유 중의 하나는 남편이 영적으로 자기의 임무를 다하지 못하기 때문입니다.

경제적 책임자

하나님께서는 아내를 가정의 생계 유지자로 삼지 않았습니다. 남편에게 이 책임이 있습니다. 남자가 가족들의 생계를 책임지지 못하면 가장으로서의 역할과 자존심을 유지하는데 상당한 어려움이 있습니다.

바울은 "누구든지 자기 친족 특히 자기 가족을 돌아보지 아니하면 믿음을 배반한 자요 불신자보다 더 악한 자니라"(딤전 5:8)고 했습니다.

이 말은 남자만 일해서 가족을 먹여 살려야 한다는 뜻은 아닙니다. 또한 돈을 많이 벌어야만 유능한 가장이라는 뜻도 아닙니다. 다만 가정의 경제적 책임을 져야 한다는 뜻입니다. 비록 돈을 많이 못 벌어도 가족들이 남편의 태도, 아빠의 열정과 노력을 보면서 안정감을 얻을 수 있어야 한다는 것입니다.

보호자

과거에는 말할 나위도 없거니와 지금도 세계의 거의 모든 문화가 남성 중심적입니다. 남자들은 여자가 자기에게 맞추어 살 것을 요구합니다. 따라서 아내들이 남편을 아는 것에 비해 남편들이 아내를 아는 것이 부족하며 또 알려고도 하지 않습니다.

그러나 성경을 보면 사도 베드로는 "남편된 자들아 이와 같이 지식을 따라 너희 아내와 동거하고 저는 더 연약한 그릇이요 또 생명의 은혜를 유업으로 함께 받을 자로 알아 귀히 여기라 이는 너희 기도가 막히지 아니하게 하려 함이라"(벧전 3:7)고 권고하고 있습니다.

전형적인 다혈질의 사람인 베드로가 어떻게 이런 말을 할 수 있습니까? 그것은 베드로가 결혼 생활을 해보았기 때문입니다. 아마 충동적인 베드로는 성격상 부부생활도 처음에는 주먹구구식이었을 것이고 문제도 많았으리라 짐작됩니다.

베드로는 경험적으로 남편으로서 아내를 사랑하기 위해서 아내에 대한 지식을 가져야 함을 알게 되었을 것입니다. 아내는 더 연약한 그릇입니다.

하나님께서는 남편들이 아내를 사랑하고 돌보아 주도록 하기 위해 여자를 남자보다 조금 더 연약하게 만드셨습니다. 평균적으로 여자는 남자보다 10퍼센트씩 부족합니다. 키도 조금

작고, 몸무게도, 손과 발도 조금씩 작습니다.

아무리 맹렬 여성이라 할지라도 실제로 남자와 비교할 때는 육체적으로 뿐 아니라 정신적으로도 더 연약합니다. 감정적이고 예민하기 때문에 남자들이 볼 때 사소한 일로도 마음의 상처를 많이 받습니다.

남자들이 해와 같다면 여자들은 달과 같습니다. 여자의 성적 주기는 대략 28일을 주기로 순환합니다. 어떤 때는 신체 주기상 보름달일 때가 있고, 또 어떤 때는 반달일 때가 있고, 또 어떤 때는 초생달이 되기도 합니다.

남편이 아내에 대해 관찰도 하지 않고, 보지도 않고, 느끼지도 않으면 아내는 망가져 버리고 맙니다. 그러므로 남편은 반드시 아내에 대한 정확하고 다양한 지식을 가지고 결혼생활을 해야 합니다.

아내의 역할

　동양의 유교 문화에서는 여권을 무시하는 경향이 있습니다. 공자는 "여자와 소인은 다루기 어려우니 가까이 하면 교만하고 멀리하면 원망한다"고 했습니다. 이것은 여자를 무시하는 말입니다. 그러나 성경에서는 여자를 무시하지 않습니다.

　에덴 동산에서 사단이 하와로 하여금 불순종하도록 유혹하는 내용을 묘사하는데 거의 여섯 절이 사용되었습니다. 그런데 하와가 아담을 유혹하는 내용은 아주 간단하게 언급되어 있습니다. "…자기와 함께 한 남편에게도 주매 그도 먹은 지라"(창 3:6)

　이처럼 아내의 영향력은 대단합니다. 거의 절대적입니다. 사단은 이 사실을 알고 하와를 먼저 유혹함으로써 간단히 아담까지 무너뜨릴 수 있었습니다.

　아담은 하와가 자기에게 금단의 열매를 줄 때 "당신이나 먹고 죽지 왜 나까지 끌어들이느냐?"고 반문하지 않았습니다. 눈물을 머금고 죽음까지도 무릅쓰고 아내를 따라갔습니다.

　이러한 아담의 모습에서 오늘날도 아내의 영향을 받는 순진한 남편들의 모습을 볼 수 있습니다. 그러면 아내들에게 요구되는 역할은 무엇입니까?

욕구를 채워주라

대부분의 남편이 원하는 다섯 가지는 성적인 만족감, 평안한 휴식, 동일한 취미활동, 아름다운 몸매, 남편에 대한 존경심입니다. 이러한 조건이 어느 정도만 충족돼도 남편은 아내가 무엇을 원해도 다 들어줍니다.

사랑하기 때문에 아내의 말을 듣습니다. 처음에는 거부하고 듣지 않는 것 같아도 계속해서 요구하면 결국 듣게 되어 있습니다.

솔로몬 왕은 초기에 하나님의 성전을 짓고 누구보다 하나님을 잘 섬겼습니다. 그러나 하나님을 경외하며 지혜로웠던 솔로몬도 나이 들면서 타락하기 시작했습니다.

그 이유는 정략 결혼을 한 이방 여인들 때문이었습니다. 여인들이 솔로몬의 환심을 사기 위해 얼마나 잘했겠습니까? 솔로몬은 말년에 여인들의 말을 듣고 이방 신들을 섬겼습니다.

성경을 보면 "솔로몬이 나이 늙을 때에 왕비들이 그 마음을 돌이켜 다른 신들을 좇게 하였으므로"(왕상 11:4)라고 했습니다. 이것은 남편들이 얼마나 아내의 말에 오랫동안 견딜 수 있느냐 하는 인간의 한계를 드러내는 것입니다. 시간이 문제이지 남편은 결국 아내의 말에 넘어가게 되어 있습니다.

그래서 사람들은 "이 세상은 남자가 다스리나 남자는 여자가 다스린다"는 말을 합니다. 이 말은 곧 "남자는 여자하기 나름이다"라는 말과 상통합니다.

남편이 아내의 머리라면 아내는 남편의 목과 같습니다. 남편이 말을 들어주지 않는다고 불평하지 말고 남편의 욕구를 채워 주십시오. 그러면 머리는 목이 움직이는대로 따라 움직입니다. 이 세상에 아내의 말을 듣지 않는 남자는 없습니다.

협력하라

하나님은 아담의 짝 하와를 만들 때 돕는 배필로 만드셨습니다. 아내가 남편의 돕는 배필이라는 것은 남편에게 있어서 아내의 도움이 필요함을 의미합니다. 아내는 남편의 협력자로서 남편의 부족함을 도와 세워줄 수 있어야 합니다.

남편을 세우기 위해서는 적극적인 칭찬이 필요합니다. 아무리 못난 남편이라고 해도 아내에게는 "당신이 최고야"라는 말을 듣기 원합니다. 아내는 남편 앞에서 다른 남자를 칭찬해서는 안됩니다. "아무개 아빠는 어떤데…" 이런 말은 남편을 격하시키는 말입니다.

비교는 불행을 만듭니다. 어떤 경우에도 비교하지 말아야 합니다. 악마가 제일 사용하기 좋아하는 것은 비교 의식을 심는 것입니다. 비교 당하면 비참해집니다. 낙심하고 의욕을 잃게 됩니다.

그러므로 지혜로운 아내는 더 나은 똑똑한 남자가 있어도 남편 앞에서는 "당신이 최고야"라고 말합니다. 남편은 아내가 말하는 대로 만들어지는 것을 알기 때문입니다.

성경에서 이상적인 아내의 표상을 찾는다면 아마 가장 먼저 아브라함의 아내 사라를 들 수 있을 것입니다. 성경은 사라가 아브라함을 주로 칭하여 복종했다고 말씀하고 있습니다(벧전 3:6). 사라는 자신을 남에게 내어주는 못난 남편을 하늘같은 존재로 섬겼습니다. 아브라함의 성공은 사랑의 내조 덕분이었습니다.

가정을 세우라

성경은 "무릇 지혜로운 여인은 그 집을 세우되 미련한 여인은 자기 손으로 그것을 허느니라"(잠 14:1)고 말씀하고 있습니다.

아내가 어떻게 하느냐에 따라 가정이 세워지기도 하고 무너지기도 합니다. 그러므로 지혜로운 아내는 한 가정의 복이요, 가문의 복이 됩니다.

성경에는 가정을 세운 지혜로운 여인들이 많이 소개되고 있습니다. 한 예로 룻은 끝까지 시어머니를 섬기다가 다시 보아스와 아름다운 가정을 이루고, 다윗의 증조모가 되었고, 예수님의 족보에 드는 자가 되었습니다.

반면에 롯의 아내는 소돔과 고모라가 멸망할 때 하나님의 명령을 어기고 뒤를 돌아보다가 소금 기둥이 되어 버리고 말았습니다. 이방 여인 들릴라는 천하 장사 삼손을 무너뜨렸습니다. 또한 아합의 아내 이세벨은 미련하여 집을 허무는 일을 했습니다.

우리 민담에 이런 이야기가 있습니다.

집이 흥하고 망하는 것은 그 집 주부 손에 달렸다고 생각하는 어느 부잣집이 있었습니다. 그래서 며느리는 꼭 시험을 보아서 통과되어야만 들여놓겠다고 고집했습니다. 그 시험이라는 것이 간단하면서도 어려웠습니다. 집 앞에 조그만 집채를 지어놓고 쌀 한 말, 잡곡 한 말로 일하는 할멈과 한 달 동안 살 수 있어야 며느리로 삼겠다는 것이었습니다.

몇몇 처녀가 지망을 했습니다. 그러나 결국 배가 고파 견디지 못해 제풀에 지쳐 돌아갔습니다. 어떤 처녀는 곡식을 서른 개의 봉지에 담아놓고 하루 한 봉지씩으로 견뎌보려고 했지만 그것도 양이 워낙 적으니 실패하고 말았습니다.

몇몇이 그렇고 가더니 한동안 지원자가 뜸해지자 아까운 총각이 부모님의 고집으로 늙어간다고 수군대는 사람들도 있었습니다. 그러던 어느 날 한 지원자가 나섰습니다. 그리고 그 집에서 한 달간의 생활을 시작했습니다. 첫 날 일하는 할멈이 물었습니다.

"저녁을 어떻게 지을까요?"

"밥 좀 많이 하게. 나는 양이 커서 좀 많이 먹어야 하네."

전에는 듣지 못했던 엉뚱한 대답이었습니다.

저녁을 짓는 동안에 이 처녀는 방이며 마루를 돌아보더니 "난 하루 살더라도 이러구는 못살아" 하고 옹배기에 물을 떠다 놓고 걸레를 빨아 닦음질을 하기도 하고 방안을 정돈하기도 했습니다.

저녁을 해 들여가니 할멈도 많이 먹으라면서 밥 한 그릇을 탐스럽게 먹어치웠습니다. 상을 들고 나오는 할멈에게 그 처녀는 방바닥을 만져보며 '들어올 때 불을 더 지피고 들어오라'고 일렀습니다. 할멈이 설거지를 다 마치고 들어오자 화롯불을 다독거리며 말했습니다.

"이렇게 먹다간 한 달은커녕 단 며칠도 못 먹을거야. 그렇지, 할멈?"

"예."

"그럼 도리 없어. 벌어서 먹어야지. 할멈도 여러 아씨 모셔봤으면 고생 많았을거야. 하지만 배가 고파서는 못살지 않는가. 어떻게 돈 벌 수 있는 일거리를 구할 수 없을까?"

"어떤?"

"바느질감, 빨래감, 물레질감, 길쌈감…. 뭐라도 좋아. 매인 몸이라서 밖에 나가서 일은 못하지만 집에 있으면서 할 수 있는 거라면 뭐든지 좋아요."

"글쎄올시다. 힘껏 구해보겠습니다."

주인집에서는 할멈의 보고를 듣고 "이젠 제대로 들어섰다"

며 무척 좋아들 했습니다. 힘든 도포짓기 일감을 가져와도 척척 솜씨있게 해내고, 밤늦도록 일을 해서라도 기한을 어기는 일이 없었습니다.

어언 한 달이 흐르는 동안 부엌의 솥뚜껑도 반질반질하고 방이며 마루가 모두 윤이 났습니다. 곡식 자루에는 잡곡이 그득그득 담기고 부엌엔 땔나무가 넉넉히 쌓였습니다. 시험을 마치고 돌아온 아씨 집에는 사주단자가 이미 도착해 있었습니다.

이러한 현숙한 여인의 모습을 잠언 31장에서 자세히 살펴 볼 수 있습니다. 현숙한 여인은 지혜롭고, 경건하고, 성품이 고상하고, 덕망있고, 유능한 여인입니다. 성경은 현숙한 여인을 얻는 것을 최상의 축복이라고 말합니다.

현숙한 여인을 둔 남편은 복이 있습니다.

"누가 현숙한 여인을 찾아 얻겠느냐 그 값은 진주보다 더하니라 그런 자의 남편의 마음은 그를 믿나니 산업이 핍절치 아니하겠으며"(잠 31:10~11)

현숙한 여인의 절정은 하나님을 경외하는 신앙입니다.

"고운 것도 거짓되고 아름다운 것도 헛되나 오직 여호와를 경외하는 여자는 칭찬을 받을 것이라"(잠 31:30)

부부의 대화

어떤 피조물도 대화하는 존재는 없습니다. 오직 하나님의 형상과 모양을 닮은 인간만이 언어를 사용하고 서로 대화합니다. 대화는 인간을 인간되게 하는 가장 위대한 자원입니다.

대화는 진실하고 투명해야 합니다. 저의가 없어야 합니다. 사람이 가면을 쓰고 대화하면 이야기가 꼬이고 오래가지 못하지만 가릴 것이 없는 사랑의 관계 속에서는 대화하면 할수록 즐겁고, 아름답고, 유익해서 헤어지기 아쉬운 것입니다.

대화는 결혼생활을 풍성하게 합니다. 부부의 참된 사랑은 대화하는 가운데 자라납니다.

대화 없이는 못산다

첫 날밤을 맞은 어느 신랑이 신부에게 이런 이야기를 했습니다.

"여보, 나는 전형적인 한국 사나이가 되어서 '당신, 사랑해' 이런 소리 못하는 사람이야. 오늘은 첫 날밤이니까 딱 한 번만 할께. 그러나 평생 이 한마디가 유효하다는 걸 알고 다시 말하지 않아도 불평하지 마시오. 정말 당신 사랑하오."

그러자 지혜로운 아내는 이렇게 대답했습니다.

"그렇지만 여보, 한가지만은 이해해 주셔야 합니다. 저에게는 병이 있어요."

"무슨 병?"

"저는 건망증이 있어서 매일 말해주지 않으면 잊어 버려요."

우리는 사랑하는 사람으로부터 사랑의 속삭임을 듣기 원합니다. 연인들을 보면 끊임없이 속삭입니다. 하루 종일 대화해도 지루해 하지 않습니다. 남이 들을 때면 유치하기 짝이 없는 말들을 하면서도 두 사람은 마냥 즐겁고, 행복합니다.

그러나 결혼을 하고 나면 서서히 대화가 줄어듭니다. 남자에게 성관계가 중요하듯 여자에게는 대화가 중요합니다. 여자는 대화 없이 못삽니다.

결혼 10년차의 한 경상도 남편이 있었습니다. 그 남편은 집에 들어와 세마디를 했습니다. 그 세마디는 "아는(아이는), 밥도(밥 줘), 자자" 였습니다.

그런데 결혼 20년이 되어서는 그 세 마디가 한 마디로 줄어들었습니다. 그 한 마디는 "밥도" 였습니다. 아이들은 커서 아버지보다 더 늦게 들어오므로 물어볼 것도 없고, 부부가 각자 다른 방에서 자기 때문에 자자라고 말할 필요도 없었던 것입니다.

그러던 어느날 아내가 조용히 남편에게 말했습니다.

"여보 우리 이혼해요"

대화의 방해 요인

부부 관계가 성장하지 않는 이유는 대화하지 않기 때문이요, 대화를 하면서도 부부의 사랑이 성숙해지지 않는 것은 치유되지 못한 상처로 인해 병적인 대화를 나누기 때문입니다. 건강한 대화를 위해서는 먼저 대화를 방해하는 원인이 무엇인지 알아야 합니다.

첫째, 분노의 폭발입니다.

어느 한 쪽이 화를 내면 대화는 단절되고 맙니다. 누가 활활 타오르는 화산 근처에서 사는 것을 좋아하겠습니까? 자신의 악한 성질을 자제하지 못하고 쉽게 화를 내고 원망하며 복수심을 갖는 사람과 솔직하게 마음을 터놓고 자유롭게 대화하기는 어려운 일입니다.

둘째, 의도적인 눈물입니다.

이것은 대체로 여성이 잘 쓰는 무기로서 많은 종류가 있습니다. 무엇인가를 강조하는 눈물, 기쁨의 눈물, 자기 연민의 눈물 등입니다. 눈물은 여성 뿐 아니라 때로는 남성도 사용합니다. 눈물을 흘리는 것은 이면적 교류를 하려는 것입니다. 그러므로 눈물이 의미하는 바가 무엇인지 주의 깊게 분별할 필요가 있습니다.

대개 여자들은 마음의 상처를 받거나 자기가 인정받지 못할 때, 혹은 갈등이 생길 때 눈물로써 방어하려는 경향이 있습니다. 이렇게 되면 어려운 상황이 생길 때마다 습관적으로 눈물을 흘리게 됩니다. 자아 절제의 또 다른 중요한 면은 거짓으로 눈물을 흘리거나 혹은 일부로 흘리지 않는 것입니다. 일부러 흘리는 눈물은 의사소통을 막습니다.

셋째, 무반응적 침묵입니다.

생활 중에 "침묵은 금이다"라는 금언이 꼭 필요할 때도 있습니다. 그러나 어떤 반대나 갈등, 의견차, 비판이 있을 때마다 반응적으로 침묵해 버린다면 누구와도 가까운 관계를 가질 수 없습니다.

우리 나라 부부들이 부부 싸움시 사용하는 가장 큰 무기는 침묵인 것으로 알려져 있습니다. 침묵은 대화를 억압합니다. 또한 오랫동안 침묵을 지키는데는 힘이 듭니다. 그 힘의 근본은 분노입니다. 그러므로 부부 간의 침묵은 '금'(金)이 아니라 '독'(毒)이며 부부 사이를 갈라지게 하는 금입니다.

만족한 대화를 위해서는 의견 차이가 있을 때 입을 다물어 버리지 말아야 합니다. 자신을 절제하면서 자신의 분명한 의견을 표명해야 합니다. 의견 차이나 갈등은 상대편을 존중하는 태도로 냉정하게 충분히 의논하여야 합니다.

넷째, 끊없는 수다입니다.

부부 가운데 한 사람이 너무 말이 많아도 대화가 잘 이루어지지 않습니다. 당신의 배우자와 대화하려고 노력할 때 너무 많이 말하는 것은 말이 없는 것보다 더욱 나쁠 수 있습니다. 가령 너무나 수다스러운 아내를 생각할 때 은근히 겁이 난 남편은 섣

불리 말을 시작했다가 아내의 수다가 끝없이 쏟아질까 봐 아예 입을 다물어 버리는 경우도 없지 않습니다.

말이 많은 것의 전형적인 형식은 잔소리를 하는 것입니다. 대부분 남자들을 화나게 하는 것은 아내의 잔소리입니다. 그런데 잔소리는 여자만 하는 것이 아니라 남자들도 여자들 못지 않습니다.

부부 싸움의 기술

대화의 기술이 서툴면 의견 차이가 날 때마다 다툼을 하게 됩니다. 그런 일을 계속 경험하다보면 다투는 것이 싫어 아예 대화를 기피하는 일이 생겨납니다.

폴 투르니에가 일본에서 강의할 때 이런 질문을 받은 적이 있었습니다. "선생님도 부부 싸움을 한 적이 있습니까?" 그 때 그는 이렇게 대답했습니다. "당연하지 않습니까?" 그리고 그는 묻지도 않은 일에 서슴없이 대답했습니다. "때린 적도 있습니다."

어떤 부부는 "우리는 평생 부부싸움 하지 않았습니다"라고 부부사랑을 과시하기도 하지만 그 말은 거짓말입니다. 고의적으로 하는 말이 아니라면 그 말은 부부 중 누군가 속박을 당한 결과입니다.

대화의 과정에서 부부 싸움은 지극히 자연스럽고 정상적인 일입니다. 부부 싸움은 오히려 부부 간의 관계를 더 깊어지게 하는 기회가 될 수 있습니다. 그러기 위해서는 몇 가지 조건이 필요합니다.

첫째, 하나님께 지혜를 구해야 합니다.

우리는 자신의 경험에 의해 서로를 판단합니다. 그러나 각각 다른 성장 배경과 경험에 의해 때때로 우리는 동일한 사건을 접하고도 상이한 판단으로 의견 대립과 갈등을 경험할 때가 있습니다.

하나님의 지혜는 우리의 깊은 곳까지 통달하십니다. 대립되면 서로 주장하기 앞서 하나님께 지혜를 구하는 것이 현명합니다(약 1:5). 하나님의 지혜를 구할 때 상대의 행동에 반발하고 있는 자신이 진정 올바르지 못하다고 하는 것을 깨달을 수 있게 됩니다.

둘째, 좋은 시간을 택해야 합니다.

내가 하고 싶은 말이 있다고 해서 상대방의 입장이나 형편을 고려하지 않고 그냥 이야기를 했을 때 좋지 못한 반응이 나오거나 온전한 대화를 나누지 못하는 경우가 종종 있습니다.

아무리 중요한 일이라도 적당한 때가 있습니다. 그 때를 파악하지 못하면 상대방을 향한 축복도 저주처럼 들릴 수도 있습니다(잠 27:14). 무엇인가 중대한 문제에 관해서 서로 이야기할 필요를 느낄 때, 두 사람에게 있어서 언제가 가장 차분하고 자기 자신을 객관적으로 볼 수 있는 때인가를 생각하는 것이 중요합니다.

셋째, 부드럽게 말해야 합니다.

노하고 있을 때에 우리들은 생각하고 있는 것 이상의 일을 말해 버리고 후회하는 경우가 많습니다(잠 15:2). 상대방의 약점을 건드린다든지, 모욕적인 언사를 사용할 경우 영영 회복할 길이 없는 감정의 깊은 골을 파놓게 됩니다.

격한 감정을 적절히 표현하는 일은 그 감정을 정화시킴으로써 부부관계의 풍요를 가져올 수 있습니다. 여기에는 기술이 필요합니다.

감정을 표현하되 상대방을 비난하지 말고 자신의 감정만 이야기해야 합니다. 상대방에게 '당신은 언제나…' 라든가 '당신은 한번도…' 라는 식으로 공격을 하는 일은 선전포고를 하는 것과 같은 것입니다.

문제는 그 때마다 제기된 것만 다루어야 합니다. 그 다음, 상대가 반박할 수 있도록 기회를 주어야 합니다. 자신의 감정을 표현할 권리가 있다면 동시에 당신은 상대방의 말을 들어줘야 할 의무도 지니고 있습니다.

감정을 소화시키는 데 목적을 두어야 합니다. 피차 화를 낸 것은 상대방을 꺾기 위해서가 아니라 감정을 해소하기 위한 것이라는 점을 원칙으로 받아들인다면 싸움이 끝난 뒤 토라져 지낼 필요는 없을 것입니다.

넷째, 입장을 바꾸어 생각해 보아야 합니다.

남녀의 차이는 현격합니다. 하지만 심리학자 칼 융은 남성 속에도 여성성(Amima)이 있고, 여성 속에도 남성성(Animus)

이 있다고 말합니다. 이로써 남성은 여성의 성질을 이해할 수 있고 여성은 남성의 성질을 이해할 수 있게 됩니다. 그러므로 무조건 이해할 수 없다는 태도를 버리고 남편은 아내를, 아내는 남편을 알고자 연구하는 가운데 서로의 입장을 이해할 수 있어야 합니다.

상대방을 안다는 것은 대화에 있어서 가장 중요한 요소입니다. 부부 간에 이야기를 나누다가 강하게 대립하는 일이 생길 때는 자기방어를 하지 말고 자기가 말한 것을 상대에게 생각해 보도록 하는 것이 중요합니다.

다섯째, 문제를 하나님께 맡겨야 합니다.

성경은 "너의 행사를 여호와께 맡기라 그리하면 너의 경영하는 것이 이루리라"(잠 16:3)고 말씀하고 있습니다. 일단 자신의 입장을 상대에게 모두 이야기하고 상대의 행동을 바꾸기 위해서 인간적으로 할 수 있는 일을 다했다면 그 후의 결과는 하나님께 맡겨야 합니다. 사람을 바꾸는 일은 하나님만이 하실 수 있습니다.

제 8 장 - 결혼생활의 문제점들

모든 부부가 완벽한
인간들이거나 아니면 늘 행복한
부부생활을 누리는 것이 아닌 한 이혼을
생각하게 하는 위기의 순간은 오기 마련입니다.

이혼

직장에서 상사에게 꾸중을 듣고 마음이 불편한 새 신랑이 있었습니다. 퇴근한 신랑이 밥상을 받아 첫숟가락을 뜨는데 그만 돌을 씹고 말았습니다. 신랑은 버럭 소리를 질렀습니다.

"도데체 정신을 어디다 둔거야. 밥도 제대로 못하니?"

인내심이 부족한 신부가 맞불 작전으로 받아 넘겼습니다.

"남자가 쫀쫀하게 그깟 일로 화를 내요?" 그러자 신랑이 소리를 질렀습니다. "잘못했으면 사과해야지 웬 말대꾸야."

신부는 입을 삐쭉이면서 "벤뎅이 소갈머리 같은 사람…" 이라고 빈정거렸습니다. 아내의 말대꾸에 화가 난 신랑이 신부의 뺨을 때렸습니다. 그러자 신부는 "맞고는 못살지"라고는 보따리를 챙겼고, 결국 이혼을 하고 말았습니다.

얼마 전까지만 해도 이혼은 반사회적 현상으로 간주되어 왔습니다. 남편에게 폭력을 당하면서도 경제적인 이유와 가문의 불명예가 두려워 여인들은 숨도 제대로 쉬지 못하고 살았습니다.

그러나 오늘날 이혼은 더 이상 정죄와 멸시의 대상이 아니라 개인의 존엄성을 위하여 필요한 조치로 주장되기에 이르렀으며, 일부 그리스도인들까지 이러한 추세에 편승하고 있습니다.

이혼 여부는 일반 법정이 결정합니다. 교회가 아닙니다. 오히려 교회의 지침이나 기준은 현실적인 구속력이 적고, 법적인 강제력도 가지지 못합니다. 그러나 그리스도인이라면 법적인 절차에 앞서 성경이 이혼에 대해 어떻게 말씀하고 있는지 귀를 기울어야 합니다.

성경의 가르침

오늘날 뿐 아니라 예수님 당시에도 이혼의 문제는 대단히 첨예한 사회 종교적 이슈들 가운데 하나였습니다. 모든 부부가 완벽한 인간들이거나 아니면 늘 행복한 부부생활을 누리는 것이 아닌 한 이혼을 생각하게 하는 위기의 순간은 오기 마련입니다.

그러면 이혼이 있는 현실을 향해 던지는 예수님의 메시지는 무엇이었습니까? 예수님은 마태복음 5장 32절에서 세 가지를 말씀하셨습니다.

첫째, 누구든지 음행한 연고 없이 아내를 버리지 말라.

둘째, 아내를 버리면 아내로 간음하게 만드는 것이다.

셋째, 이혼한 여자에게 장가드는 자도 간음하는 것이다.

'누구든지'라는 말은 예외가 없다는 뜻입니다. 교훈의 핵심은 결혼을 해서 부부가 된 사이라면 음행 외에는 그 어떤 이유라도 이혼은 불가하다는 것입니다.

마태복음 19장 3~9절, 마가복음 10장 2~12절의 본문은 바리새인들이 예수님을 시험하기 위해 이혼에 관해 질문을 던지는 것으로 시작됩니다. 이에 대해 예수님은 창세기 1장 27절과 2장 24절을 언급하면서 대답하셨습니다.

하나님이 사람을 본래 남자와 여자로 창조하셨고, 결혼을 통해 두 사람이 한 몸이 될 것이고, 그렇게 하나님이 짝지어 주신 것을 사람이 나누지 못한다는 것이 예수님의 답변입니다. 즉 이혼은 불가하다는 것입니다.

모세가 율법에서 이혼할 경우 이혼 증서를 주라 명한 것은 당시 사람들의 마음이 완악했기 때문이고, 하나님이 제정하신 본래의 결혼 제도는 그렇지 않다는 것입니다.

우리는 예수님께서 이혼의 조건을 묻는 질문에, 결혼에 대해 언급하신 사실을 눈여겨볼 필요가 있습니다. 이것은 결혼의 의미가 이혼의 조건보다 훨씬 더 중요함을 말씀하신 것입니다.

사람들은 어떤 경우에 이혼이 허락되는지를 따지고 있었지만 예수님은 하나님의 본래 의도를 회복하는데 관심을 두셨습니다.

고린도전서 7장 10~15절을 보면 예수님의 가르침을 인용하고 있는 바울의 입장도 이혼은 불가하다는 것입니다. 함께 평생을 사는 것이 최선입니다.

당시 고린도 교인 중에는 '신자와 불신자가 같이 살아서는 안 된다, 부부 간의 한 쪽이 이교도인 경우 즉시 이혼해야 한다'고 주장하는 사람들이 있었습니다. 이에 대한 바울의 답은 한마디로 불신앙이 이혼의 조건이 될 수는 없다는 것입니다.

믿는 남편의 경우 믿지 않는 아내가 그 남편과 함께 살기를 원하는 한 결코 그를 버려서는 안되며, 믿는 아내의 경우도 믿지 않는 남편에 대해서 마찬가지입니다.

바울은 믿지 않는 남편이 믿는 아내로 인하여 거룩하게 되고, 믿지 않는 아내가 믿는 남편으로 인해 거룩하게 된다고 말하고 있는데 이것은 성결을 말하는 것이 아니라 그리스도인 아내와 불신 남편 또는 그리스도인 남편과 불신 아내가 한 몸이 됨으로 하나님의 은총을 접하게 된다는 것입니다.

그러므로 자신의 배우자가 불신자라고 해도 불신앙을 이유로 이혼하려고 하지 말고 그를 감화시켜 신앙으로 인도하도록 노력해야 하는 것이 바람직한 태도입니다.

바울은 불신자 배우자에 대해서 자발적으로 이혼하는 것을 금지하는 반면 불신 배우자와의 수동적인 이혼은 허용하고 있습니다. 즉 불신 배우자가 주도권을 가지고 이혼을 제기하면 그대로 응하라는 것입니다.

어쩔 수 없는 이혼

일단 결혼하면 사람이 임의로 나눌 수 없는 것이 결혼에 대한 하나님의 뜻입니다. 그러나 인간의 완악함과 죄성으로 인해 예수님이 말씀하신 것처럼 어쩔 수 없이 이혼을 인정해야 하는 경우도 발생할 수 있습니다.

예를 들어 남편이 음행에 빠졌는데 잘못을 회개하지 않을 뿐 아니라 오히려 가정을 버리고 다른 쪽과 동거 관계에 빠졌을 때 여성은 홀로 서기를 결심해야 합니다.

또한 남편이나 아내가 결혼하기 전부터 정신적인 질병이 있었는데 그것을 감추고 결혼을 했으나 막상 결혼 생활을 할 수 없을 정도로 그 증세가 심할 때 남은 한 쪽이라도 살아야 하기 때문에 결국 이혼하는 경우도 있습니다.

결혼 생활은 신뢰가 그 기본입니다. 그러므로 의부증이나 의처증 같은 경우는 현실적으로 결혼 생활이 불가능합니다. 또한 상대 배우자로부터 폭력으로 정신병자가 될 정도라면 어쩔 수 없이 이혼을 해야 합니다.

하지만 애매한 경우가 많습니다. 서로 간의 성격 차이로 매일 싸우는 경우입니다. 너무나도 모호한 기준임에도 불구하고 이것이 오늘날 이혼을 주장하는 가장 큰 이유입니다. 그 외에도 부부 간에 애정이 식어진 경우, 남편의 경제적 무능력 등이 있습니다.

모세 시대에 현실을 고려하여 본래의 원칙을 양보하고 제한적으로 이혼을 허용하였다면, 오늘날과 같이 이혼이 만연한 시대에 엄격한 원칙의 적용은 사실상 불가능하게 여겨집니다.

예방하라

건강할 때 건강을 지켜야 하듯 부부의 행복도 행복할 때 지키고 발전시키려는 노력이 필요합니다. 그러면 어떻게 부부의 사랑을 가꿀 수 있습니까? 세 가지 내면적 요소가 필요합니다. 첫째, 서로에게 신실해야 합니다. 이혼하려는 사람들을 보면 서로에 대한 믿음이 없습니다.

봄, 여름, 가을, 겨울, 네 계절의 변화는 놀라울만치 정확합니다. 봄이 오면 정확하게 여름이 오고, 여름이 지나면 또 가을이 옵니다. 그리고 겨울이 옵니다. 네 계절이 얼마나 신실하게 다가오는지 모릅니다. 그렇기 때문에 우리는 계절이 오는 것을 예측할 수 있습니다.

자연은 하나님의 신실하심을 보여줍니다. 하나님이 신실하시면 그 분의 자녀인 우리도 신실해야 합니다. 부부 간에는 가림이 없어야 합니다. 상대방이 나의 행동을 예측할 수 있을만큼 투명해야 합니다. 그럴 때 부부는 무장을 해제하고 약점을 온전히 내보일 수 있는 진정한 친밀 관계에 이를 수 있게 됩니다.

둘째, 부부에게 공동의 목표가 있어야 합니다. 부부의 사랑은 서로를 바라볼 때 자라는 것이 아니라 한 방향을 바라보며, 공동의 비전을 가슴에 지닐 때 자라납니다.

부부에게는 함께 걸어갈 길이 필요합니다. 어디를 향해 무엇 때문에 가는지, 그 길을 가고 나면 어떤 보상이 기다리고 있는지 아는 것은 매우 중요합니다. 관계를 지속하지 못하는 것은 그 길을 모르기 때문입니다.

그러나 부부가 공동으로 소유할 목표를 찾는 일은 쉬운 작업이 아닙니다. 하루 아침에 발견되는 것도 아닙니다. 한 순간에 세워지지도 않습니다. 함께 신실하게 하나님을 섬기며, 하나님과 동행하는 삶을 살아갈 때 하나님께서 자신의 목표를 두 사람의 가슴에 안겨 주실 것입니다.

셋째, 사랑을 위해 투자해야 합니다. 사랑은 서로를 즐기는 것입니다. 부부는 서로를 즐길 수 있는 방법을 배워야 합니다. 세상에 공짜로 이루어지는 일은 없습니다. 사랑을 위해서도 자신을 투자해야 합니다. 후회하지 않을 사랑에 투자하는 것이야말로 파국을 막는 길이요, 인생을 멋있게 사는 방법입니다.

헤어지겠다는 사람들에게 강권합니다.

후회하지 않을 사랑을 한번만 해보고, 그래도 방법이 없으면 그 때 갈라서도 늦지 않다고.

어떤 이가 정원에 장미를 심었습니다. 그런데 장미가 피기도 전에 노란 민들레가 고개를 들었습니다. 주인은 빨간 장미를 사랑했기에 노란 민들레가 싫었습니다. 그는 꽃집에 전화하여 어떻게 민들레를 제거할 수 있는지 물었습니다. 그들은 친절하게 여러 가지 방법을 가르쳐 주었고, 그는 그대로 민들레를 제거하는 작업에 열중했습니다.

그러나 빨간 장미로 장식되어야 할 정원이 노란 민들레로 더욱 물들어 갔습니다. 민들레는 아무리 제거해도 또 고개를 쳐들고 하늘을 향해 피어 나왔습니다. 너무 속이 상한 주인은 꽃집에 전화를 했습니다. 꽃집 주인은 마지막 방법이 남아 있다고 말했습니다. 주인은 희망에 부풀어 대답을 재촉했습니다.

"뭐요, 그 마지막 방법이 도대체 뭐요?" 점원은 상냥하고도 낮은 목소리로 이렇게 대답했습니다.

"이젠 민들레를 사랑하는 방법 밖엔 없습니다."

그리스도인의 길

결혼은 단순히 서로가 감정적으로 좋아서 한번 해보는 것이 아니라 하나님 앞에서의 엄숙한 언약이며 이것은 한평생 깨어져서는 안 되는 약속입니다. 이혼은 선택의 대상이 아니요, 해결 방법도 아닙니다. 우리는 절대 이혼에 굴복해서는 안됩니다.

인간이 살고 있는 이 세상은 죄로 인하여 깨어진 세상이며 또한 그 가운데 살고 있는 인간들에게는 깊은 죄악의 뿌리가 있습니다. 대개 이혼의 배경에는 죄성이 깔려 있습니다.

죄가 있는 곳에 악한 영들의 역사가 있기 마련입니다. 바울은 "우리의 씨름은 혈과 육에 대한 것이 아니요 정사와 권세와 이 어두움의 세상 주관자들과 하늘에 있는 악한 영들에게 대함이라"(엡 6:12)고 했습니다.

우리가 싸워야 할 상대는 육체가 아닙니다. 우리의 싸움은 '남편 대 아내'가 아니라 '부부 대 악한 영'이라는 사실을 확고히 해야 합니다.

자기 성취와 육적 쾌락을 추구하는 현대인의 이기주의는 이혼을 너무 쉽게 생각하게 합니다. 그러나 결과적으로 하나님과 자기 가족들과 자녀들에게 죄를 범하고 결국 자기 인생에 돌이킬 수 없는 오점을 남기게 됩니다.

우리 그리스도인들은 하나님과 교회 앞에서 행한 결혼 서약을 온전히 지킴으로써 자기를 성화시키고, 서로를 도우면서 험난한 인생을 즐겁게 살아가며, 사랑 가운데서 자녀를 양육함으로써 하나님 나라의 건전한 시민 양성에 헌신해야 합니다.

재혼

이혼이 빈번한 만큼 재혼 또한 증가 추세에 있습니다. 유대인의 격언에 "초혼은 하늘의 뜻으로 맺어지고 재혼은 인간의 의해 맺어진다"는 말이 있습니다. 처음 결혼할 때는 참으로 신중합니다. 그러나 재혼은 그렇지 못한 것 같습니다.

이혼 후 가장 흔히 빠지는 함정이 조급하게 서둘러 재혼하는 것입니다. 통계적으로 이혼했던 사람이 재혼하여 성공할 확률은 매우 낮은 것으로 알려져 있습니다. 초혼보다 재혼의 이혼율이 높습니다. 비록 재혼이라고 할지라도 하나님의 뜻을 묻는 신중함이 필요합니다.

성경은 일부일처제를 강조하며, 재혼에 대해서 많은 언급을 하고 있지 않습니다. 그러나 그 가능성을 말씀하고 있고, 재혼의 여러 사례들을 소개하고 있습니다. 특별히 구약의 룻기는 남편과 사별한 룻이 보아스와 재혼에 성공하기까지의 이야기를 다루고 있습니다.

과거의 실패 때문에 내일까지 망칠 필요는 없습니다. 실패를 통해 더 나은 내일을 살아야 합니다. 그렇다면 성경이 말하는 재혼의 가능성은 무엇이며, 재혼을 위해서는 어떠한 준비를 해야 합니까?

주 안에서 하라

바울은 고린도 교회의 문제들을 다룰 때 남편을 잃어버린 과부들의 문제에 대하여 "아내가 그 남편이 살 동안에 매여 있다가 남편이 죽으면 자유하여 자기 뜻대로 시집갈 것이나 주 안에서만 할 것이니라"(고전 7:39)고 말하고 있습니다.

결혼 언약은 부부가 살아있는 동안에 한하여 유효합니다. 따라서 한 쪽이 사망하면 그 언약은 파기됩니다. 다시 말해서 여자가 결혼을 하면 남편에게 매이게 되지만 남편이 죽으면 남편으로부터 자유롭게 됩니다. 이 경우는 다시 결혼할 수 있는 자격을 갖게 되는 것입니다.

과부들의 결혼 원리는 처녀들의 경우와 같습니다. 다시 결혼하든지, 혼자 지내든지, 자신의 뜻에 따라 자유롭게 결정할 수 있습니다. 이것은 동양적인 윤리와 차이가 있습니다. 동양의 유교적인 윤리는 여자의 재혼을 허용하지 않고 미망인의 정조를 강요하지만 바울은 여자의 또 다른 선택과 삶을 존중하고 있는 것입니다.

그러나 과부들에게 하나의 조건이 제시되었는데 그것은 "주 안에서만 할 것이니라"는 것입니다. 이것은 과부들이 그리스도의 지체된 자임을 기억하도록 하는 것입니다. 여기에 대해 구체적으로 제안을 한다면 신자와 재혼을 하라는 것입니다.

바울의 권면은 과부가 다시 결혼할 것인가 아니면 홀로 지낼 것인가의 문제 자체가 중요한 것이 아니라 그것이 주안에서 이루어진 삶이냐, 아니냐가 중요하다는 것입니다.

치유를 경험하라

이혼이 하나님의 의도는 아니지만 예수님이 말씀하신 바대로 필요악의 관점에서 허용되었다면 재혼도 동일한 관점에서 허용될 수 있습니다. 그러나 재혼은 신중하게 이루어져야 합니다.

반드시 결혼해야 한다는 것도 편견입니다. 이에 대해 바울은 "그러나 내 뜻에는 그냥 지내는 것이 더욱 복이 있으리로다 나도 또한 하나님의 영을 받은 줄로 생각하노라"(고전 7:40)고 했습니다.

사람들은 모든 행복을 결혼 생활에서 찾으려고 하는데 과연 재혼이 그럴만한 가치가 있는지 검토해 보아야 합니다. 재혼을 고려해야 할 또 하나의 중요한 이유는 한번 결혼에 실패해서 재혼을 했다가 또 다시 결혼 생활에 실패한다면 그 때부터는 자기 자신에 대하여 자포자기하여 걷잡을 수 없는 방황과 타락의 길로 갈 가능성이 많기 때문입니다.

예수님께서 수가성에서 만난 여인은 다섯 번째 남편과 헤어지고 여섯 번째 남편과 살고 있었는데(요 4:18), 그녀가 아마 이런 경우였을 것입니다.

그렇기 때문에 나는 재혼하려는 사람들에게 결혼의 이유와 목적이 무엇인가를 확인하고, 준비가 되지 않은 사람일 경우 만류합니다. 이혼하고 외롭기 때문에, 현재의 상황이 어렵기 때문에 재혼하는 것은 더 위험하기 때문입니다.

대부분의 상담가들은 이혼으로 인한 감정의 충격에서 벗어나는데 대략 2년쯤 걸린다고 말합니다. 새 출발을 위해서는 치유와 영적 건강을 회복할 수 있는 일정 기간이 필요합니다. 이런 과정 없이 좋은 사람이 있다고 재혼을 서두르거나, 혼자 지내는 것이 보기 싫다고 재혼을 권하는 일은 위험스럽기까지 한 것입니다.

부정적인 감정들은 저절로 사라지지 않습니다. 억압되거나 가라앉아 있다가 다시 올라옵니다. 그렇기 때문에 부정적인 감정들과 상처들을 치유하지 않으면 그것은 다음 관계에 이어지게 됩니다.

그래서 처음부터 다시 잘 하고 싶어도 얼마 가지 못해 새로 시작한 관계에 먹구름이 드리우게 되고, 얼마 못 가서 전에 헤맸던 진창 속에서 다시 헤매게 됩니다.

사람들은 실패한 과거는 생각조차 하고 싶어하지 않습니다. 그 때의 아픔과 괴로움이 되살아나기 때문입니다. 그러나 같은 실수를 되풀이 하지 않으려면 우리는 힘이 들지만 과거로부터 교훈을 얻어야 합니다.

전 남편, 전 아내를 비난하기 보다는 두 사람 모두에게 어떤 잘못이 있었는지 곰곰히 생각하는 가운데 문제의 원인을 발견해야 합니다. 그리고 가슴 속의 분노, 죄책감, 원망을 정리하고 해묵은 상처들을 치유해야 합니다.

정절을 지키라

독신의 장점은 자유롭다는 것입니다. 그러나 자칫 자유는 방종으로 흐르기 쉽습니다. 독신의 임무는 하나님께서 저들에게 다른 반려자를 허락해 주실 때까지는 정절을 지키는 것입니다.

결혼을 한 사람들이나 결혼을 했던 사람들의 대부분은 자신이 독신의 은사를 가지고 있지 않다는 것을 잘 알고 있는 사람들입니다. 그렇지만 독신의 은사를 갖지 않았다는 것이 죄를 짓는 구실이 될 수는 없습니다.

정절을 지키는 일은 미혼 남녀 그리스도인들에게도 이행되어야 하지만 사망이나 이혼으로 말미암아 반려자를 잃은 남녀 그리스도인들에게 있어서도 이행되어야 합니다. 독신의 의무는 오늘날과 같이 성이 개방되고 자유로운 사회 안에서 특별히 강조되어야할 중요한 임무입니다.

고 부 갈 등

    가족을 형성하고 있는 구성원 중에서 시어머니와 며느리는 모두 하나님의 생명을 전달하는 '생명의 전수자' 입니다. 즉 가족 구성에서 시어머니와 며느리 관계는 서로 주고 받는 관계가 아니라 모두 다 '생명의 전수자' 라는 동등한 지위를 가집니다. 그렇기 때문에 가족 구성원 중에서 가장 가깝고도 어려운 관계가 며느리와 시부모의 관계입니다.

    한 통계에 의하면 고부 갈등은 대가족제도가 주류를 이루던 70년대 보다 핵가족화가 거의 끝난 1992년도에 두 배 이상 증가했고, 해결 방식은 합의 보다는 며느리의 복종과 회피가 주류를 이루었습니다.

    전통적 사회에서는 가정의 문제가 남에게 알려지는 것을 부끄러워합니다. 이 점을 감안한다 해도 대가족제도 때 보다 고부 갈등이 늘었다는 것은 한마디로 며느리의 현대적 가치관과 시어머니의 전통적 가치관의 충돌이 크다는 것을 알 수 있습니다.

    즉 며느리는 개인의 인권에 대한 사회적인 자각과 더불어 여성상과 여성 인권에 대한 깨우침이 생겨난 반면, 시어머니는 아들 가족에 대한 자립심과 독자적 의사 결정권을 인정하기보다는 아직도 내 아들이라는 생각으로 영향력을 행사하는 것입니다.

서로를 이해하라

거의 모든 가정이 시댁과의 관계로 상처를 받고 고통을 당하고 있습니다. 고부 간의 갈등은 결코 간단한 문제가 아닙니다. 시댁의 무리한 요구로 인해 울분을 터트리고 급기야는 부부 문제로, 이혼 문제로까지 발전하는 것을 종종 볼 수 있습니다.

현명한 판단과 대처가 필요합니다. 젊은 사람들이 염두에 두어야 할 사실은 사람은 나이가 들수록 변화가 어렵다는 사실입니다. 나이가 들면 산전수전 다 겪었으므로 이해심이 많아질 것 같지만 오히려 그 반대입니다. 나이가 들수록 어린아이처럼 되어가고 마음이 좁아지고 완고해집니다.

팀 슬레이지는 부모가 자녀를 통제하는 방식을 다음과 같이 말하고 있습니다.

첫째, 일방적인 방문을 요구합니다.

"우리는 너를 찾아갈 수 없다. 그러니 네가 우리를 찾아와라."

둘째, 조건을 가진 경제적 도움을 제공합니다.

셋째, 자녀의 가치관과 다른 방법으로 손자들을 돌봅니다.

넷째, 자녀가 선택한 것을 말없이(행동으로) 거부합니다.

다섯째, 순교자와 같은 행동을 합니다.

"내가 너를 위해서 얼마나 희생을 했는데 나를 이렇게 대하다니!"

여섯째, 자녀의 도움을 받기 위해 수동적인 행동을 합니다.

이렇게 역기능 가정에서 부모가 자녀들을 통제한다고 해도 그것을 거부하고, 나아가 부모를 변화시키려는 일은 거의 불가능한 일이기에 차라리 자신을 변화시키는 것이 현명한 처사입니다.

대부분의 여인들은 남편보다 자식들을 더 사랑합니다. 남편은 버려도 자식은 버릴 수 없는 것이 여인의 사랑입니다. 그것은 피를 쏟아서 낳았기 때문입니다. 탯줄로 밀착된 자녀와의 연합은 뗄래야 뗄 수 없는 것입니다.

시어머니와 며느리의 싸움은 다른 것이 아닙니다. 아들을 며느리가 빼앗아 간 것 같은 절망감 때문입니다. 며느리는 그 시어머니의 절망감을 이해해 주어야 합니다. 그리고 시어머니는 그 절망감을 아들의 참된 사랑을 위해 포기할 줄 아는 사랑으로 승화시켜야 합니다.

멋진 며느리

우리가 성경에서 살펴볼 수 있는 믿음 안에서의 효는 룻기에서 답을 하고 있습니다. 이삭이 성경에 나오는 대표적인 효자라면 룻은 성경에 나오는 가장 대표적인 효부라고 할 수 있습니다.

룻기는 비극적인 이야기로 시작됩니다. 때는 사사시대입니다. 흉년이 들었습니다. 유다 베들레헴에 살던 한 사람이 그 아내와 두 아들을 데리고 모압 지방으로 내려갔습니다. 그 사람의 이름은 엘리멜렉인데 그는 자기의 아내와 두 아들 말론과 기론을 남겨 놓은 채 모압에서 죽었습니다.

두 아들이 모압 여자와 결혼을 했으나 아들들 또한 어머니 나오미와 아내들을 남겨두고 세상을 떠났습니다. 괴로움을 당하며 살던 나오미는 모압에서의 삶을 정리하고 고향으로 되돌아갈 결심을 했습니다.

두 며느리가 함께 그를 따라 나섰습니다. 한참 길을 행하다가 나오미는 자부들을 돌려보내기로 마음을 먹습니다. 사실 마음으로는 자부들이 계속해서 하나님을 경외하며 살 수 있도록 그들을 유다 땅 베들레헴으로 그들을 데리고 가고 싶은 마음이 간절했습니다.

하지만 나오미에게는 두 며느리를 데리고 갈 수 없는 고민이 있었습니다. 나오미는 산전수전을 다 겪은 사람이었습니다. 온갖 연단을 다 거쳤습니다. 그러나 자부들은 아직 그 연단이 얼마나 견디기 어려운 것인지를 모릅니다. 그렇기 때문에 확고한 결심 없이는 중도에 포기하게 됩니다. 나오미는 그런 일이 일어나는 것을 원치 않았습니다.

자부들을 사랑했던 나오미는 무엇보다도 젊은 자부들이 자식도 없이 청상 과부로 늙는 것을 보고 싶지 않았습니다. 그랬기 때문에 함께 가던 도중에 고민을 하다가 두 자부를 되돌려 보내기로 결심했던 것입니다. 나오미는 두 자부에게 돌아가서 다시 좋은 남편을 만나 가정을 이루고 행복하게 살라고 권고를 했습니다.

그러나 두 며느리는 "아니니이다. 우리는 어머니와 함께 어머니의 백성에게로 돌아가겠나이다"라고 대답했습니다. 그러자 나오미는 다시 자부들을 설득했습니다. 경솔히 자신을 따라 나섰다가 모진 풍랑을 만나게 될 때 시어머니와 동행한 것을 후회하고 모압 땅으로 돌아가 버리는 일이 없도록 하기 위해서였습니다.

나오미는 자부들이 자기와 함께 유다 땅으로 갈 수 없는 이유를 말했습니다. 그 이유는 이런 것이었습니다. 그들이 헤어지지 않고 한 가족으로 남아있기 위해서는 죽은 형제의 아내를 취하여 기업을 잇게 하는 결혼 풍습에 따라 나오미에게 또 다른 아들이 있어야 하는데 그녀에게는 아들이 없었습니다.

또 아들을 가질 소망도 전혀 없고, 만일 지금 아들을 가진다 해도 그들이 장성하기까지는 많은 세월이 소요되므로 자부들로 하여금 그 때까지 기다리게 할 수 없다는 것입니다.

그렇다면 자부들이 유다 땅에 가서 다른 곳으로 시집을 가든지, 아니면 그대로 과부로 늙어야 하기 때문에 나오미는 섭섭하지만 자부들을 사랑했고, 진정으로 그들의 행복을 원했기에 자부들을 모압으로 돌려보내는 것이 그들을 위해 좋겠다는 판단을 내린 것입니다.

오르바는 나오미의 강력한 권고에 뜻을 굽혀서 모압의 자기 집으로 돌아가 버렸습니다. 반면에 룻은 시어머니를 붙좇았습니다. 성경에서 그의 행동을 묘사하는 '붙좇았다'라는 말은 히브리어 '다베카'로서 '찰싹 붙는다'는 뜻이며, 붙어서 떨어지지 않는 상태를 말하는 것입니다.

그러자 나오미는 다시 설득을 했습니다. "나오미가 또 가로되 보라 네 동서는 그 백성과 그 신에게로 돌아가나니 너도 동서를 따라 돌아가라"(룻 1:15). 나오미의 권유는 룻의 결심을 충분히 되돌릴 수 있는 말이었습니다.

그러나 놀랍게도 룻의 결심에 변함이 없었습니다. 오히려 그의 결심은 더욱 확고해졌습니다. 룻은 "어머니께서 가시는 곳에 나도 가고 어머니께서 유숙하시는 곳에서 나도 유숙하겠나이다 어머니의 백성이 나의 백성이 되고 어머니의 하나님이 나의 하나님이 되시리니 어머니께서 죽으시는 곳에서 나도 죽어 거기 장사될 것이라 만일 내가 죽는 일 외에 어머니와 떠나면 여호와께서 내게 벌을 내리시고 더 내리시기를 원하나이다"(룻 1:16~17)라고 말을 했습니다.

무엇이 룻과 나오미를 하나로 묶어 주었습니까? 성경은 삼겹줄은 쉽게 끊어지지 않는다고 했습니다. 나오미와 룻의 관계는 삼겹줄로 묶여진 관계였습니다. 첫 번째 줄은 시어머니와 자부, 즉 인간 관계의 줄이었습니다. 두 번째 줄은 인간적인 사랑과 존경의 줄이었습니다. 세 번째 줄은 여호와 신앙의 줄이었습니다.

멋진 시어머니

우리가 흔히 생각하는 고부관계는 상하관계로, 며느리가 시어머니를 공경하는 것이 의무이며 며느리의 공경이 지극할 때 시어머니의 아량도 상대적으로 커지는 것이 보통입니다. 그러나 룻기에서는 시어머니가 먼저 며느리에게 사랑하는 마음을 보였습니다.

나오미의 가장 훌륭한 점은 며느리를 며느리로 생각하지 않고 딸로 여겼다는 것입니다. 고부 간의 대화를 다정하게 만드는 것은 "내 딸아"라고 부르는 나오미의 사랑스런 음성입니다.

나오미가 훌륭한 시어머니로 꼽히는 또 하나의 이유는 그녀가 룻에게 재혼을 권유할 뿐 아니라 앞에 나서서 재혼을 성사시키기까지 한 데 있습니다. 요즘에도 자기 며느리에게 재혼을 권유하는 시어머니가 극히 드문 것으로 알고 있습니다. 더구나 손수 며느리의 결혼에 앞장서는 시어머니가 있다는 말은 듣지 못했습니다.

나오미가 이렇게 파격적인 생각을 할 수 있었던 것은 결국 며느리를 딸로 여겼기 때문이었을 것입니다. 나에게 홀로 된 며느리가 아닌, 홀로 된 딸이 있다고 생각하니 나오미는 진정 룻의 행복을 바라지 않을 수 없었던 것입니다.

그러나 뭐니뭐니해도 나오미의 가장 멋진 점은 룻에게 보아스라는 남자가 나타나자 치밀한 전략을 짜서 구체적으로 코치까지 하며 며느리를 지원해 준 일입니다. 그 구체적인 행동을 보면 친정 어머니라도 그렇게 사려깊고 자상한 마음을 보일 수 있었을까 생각하게 됩니다.

이러한 나오미의 자세는 룻으로 하여금 "어머니의 하나님이 나의 하나님이 되시리니"(룻 1:16)라는 고백을 토해 놓도록 했고, 며느리로 하여금 '일곱 아들보다 더 귀한 자부' (룻 4:15)의 몫을 해내도록 했습니다.

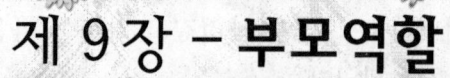

제 9 장 - 부모역할

자녀의 마음 밭에 말씀의
씨를 뿌리는 일은 많은 수고를 필요로 합니다.
시간이 필요하고 인내가 필요합니다.
그러나 수고의 눈물을 흘리며 말씀의 씨를 뿌린 부모는
장차 기쁨의 단을 거두게 될 것입니다.

아버지의 역할

전통적 농경사회에서는 아버지를 중심으로 온 가족이 함께 일하며 생활을 꾸려갔습니다. 사회 관습을 전승시키고 자녀의 훈육 역시 아버지가 담당했습니다. 그러다가 산업화 이후 남자들이 밖에 나가 일하는 동안 아내가 집에서 가사와 자녀 교육의 책임을 맡게 되었습니다.

시대가 변하여 오늘날은 산업 현장에서 남자와 여자의 구별이 없게 되었습니다. 자녀 양육에 있어서도 역할의 차이가 없게 되었습니다. 그러나 많은 남자들이 여전히 자녀 교육의 책임을 아내의 몫으로 돌리려 합니다.

자녀교육은 어느 한 쪽의 전유물일 수 없습니다. 자녀의 올바른 성장은 부모 양쪽으로부터 온전한 도움을 필요로 합니다. 부모 모두가 건강하게 생존해 있으면서 자녀들에게 각기 부여된 역할과 책임을 다 못해 주고 있다면 그것은 자녀에 대한 죄악이고 나아가서는 부모로서의 권리와 의무를 포기하는 것이라고 말할 수 있습니다.

아버지의 자리

오늘날 사회가 복잡해지면서 아버지의 사회적 역할이 점점 더 중요해지는 것인지는 모르지만 그 반대로 가정에서의 아버지 역할은 점점 허약해져가고 있습니다. 어떤 학자들은 현대 가정의 위기를 아버지의 위기로 돌리기도 합니다.

요즈음 어린이들 눈에 비친 아버지는 어떤 모습일까요? 어느 잡지에 소개된 한 어린이의 편지입니다.

"언제나 일하러 나가셔서 늦게 들어오시는 아버지, 저는 이런 아버지가 싫어요. 그럼 아버지 얼굴도 못 뵙고 화목하게 가족끼리 이야기도 못 나누기 때문입니다. 그리고 담배나 술을 너무 많이 마셔서 취하는 아버지가 싫어요. 담배를 피우시면 아버지의 몸도 편찮으시게 되고 집안의 공기도 나빠지기 때문입니다. 또 술을 잡수시면 우리에게도 나쁘고 아버지 몸도 나

빠지고 많이 잡수시면 중독에 걸려 더 많이 마셔야 하기 때문입니다."

이와 같은 바램은 대부분 어린이의 바램일 것입니다. 술, 담배로 스트레스를 풀고, 퇴근 시간 이후에도 밀린 업무처리와 거래처와의 상담, 그리고 동료들과의 회식 등으로 밤늦게 귀가하여 아침 일찍 출근하는 아버지의 모습은 30~40대 일반적인 아버지의 모습입니다.

변화의 시대에 적응하기에 바쁜 많은 아버지들이 아버지의 역할을 아예 포기한 경우가 많습니다. '아버지 실종시대' 라는 말까지 나오고 있습니다. 그러나 결코 포기할 수 없는 자리, 포기해서는 안 되는 자리가 아버지의 자리입니다.

자녀들에게 아버지의 역할은 실로 대단합니다. 육신의 아버지는 권위자로서 하나님을 대표하는 존재입니다. 그러므로 어린 시절 육신의 아버지와의 관계는 하나님 아버지와의 관계에까지 결정적인 영향을 미치게 됩니다.

가령 화를 잘 내는 아버지 밑에서 자란 사람은 자신도 화를 잘 내는 사람이 되는 것을 물론이고 하나님 아버지에 대해서도 무엇을 잘못하면 벌하시는 엄하고 무서운 분으로 생각하게 됩니다.

감정을 잘 표현하지 않는 아버지 밑에서 자란 사람은 역시 자기의 자녀들과도 감정을 나누지 못하며 하나님 아버지 앞에 기도할 때도 감정을 표현하지 못하고 그저 사무적으로 기도하게 됩니다.

연약한 아버지 밑에서 자란 사람은 아버지를 전적으로 의뢰하지 못하며 하나님 아버지께 대해서도 마찬가지입니다. 아버지가 안 계신 가운데 성장한 사람은 아버지의 역할에 대한 인식이 부족하며 하나님 아버지가 자신의 삶을 돌보아 주는 것에 대해 믿지를 못하고 관계를 갖는데 어려움을 느끼게 됩니다.

아버지의 과제

어느 날 미국의 유명한 오페라 가수인 힐딩 할버튼이 자기 아들과 이웃집 아이가 놀면서 주고받는 대화를 엿듣게 되었습니다. 이웃집 아이가 "우리 아빠는 사장님을 잘 안다"고 말하자 할버튼의 아들은 "우리 아빠는 하나님을 잘 안다"라고 대꾸하는 것이었습니다. 그 말을 듣는 순간 할버튼의 눈에서는 눈물이 쏟아지기 시작했고, 그는 자기 서재로 들어가 실컷 울었다고 합니다.

아버지는 아무리 바빠도 자녀 교육을 위해 시간을 내야 합니다. 아버지는 가정의 제사장으로서 자녀들에게 신앙을 가르치기 위해 특별히 시간을 마련해야 합니다. 아이들의 눈에 아버지는 '하나님을 잘 아는 사람'으로 비쳐야 합니다.

신명기 6장 6~7절을 보면 "오늘날 내가 네게 명하는 이 말씀을 너는 마음에 새기고 네 자녀에게 부지런히 가르치며 집에 앉았을 때에든지 길에 행할 때에든지 누웠을 때에든지 일어날 때에든지 이 말씀을 강론할 것이며"라고 명하고 있습니다.

자녀들이 일주일에 한 번 가는 교회 주일학교의 교육으로 깊은 신앙을 갖게 되기를 바라는 것은 무리입니다. 그보다는 매일 함께 지내는 동안에 자연스럽게 신앙을 교육하고 심어주어야 합니다.

그 방편의 하나는 매일같이 온 가족이 함께 모여 가정 예배를 드리는 것입니다. 아이들이 커버리면 가정 예배 드리는 일도 어려워집니다. 자녀들이 어릴 때, 이끄는대로 따라올 때 신앙을 심어 주어야 합니다.

좋은 아버지

흔히 결혼을 하고 자녀가 생기면 저절로 좋은 아버지가 되는 것처럼 생각합니다. 아버지가 되기는 쉽지만 좋은 아버지가 되기는 쉽지 않습니다. 좋은 아버지가 되려면 아버지로서의 공부와 노력이 필요합니다.

오늘날 많은 가정이 위기에 처해 있습니다. 그리스도인 가정이라고 예외가 아닙니다. 이런 때에 아버지의 역할을 다시 생각하고 좋은 아버지가 되기를 다짐하는 것은 가정 회복을 위한 절실한 시대적인 요청이라고 할 수 있습니다.

하나님은 우리들에게 아버지다운 아버지가 되라고 명하십니다. 이제 아버지는 제자리를 찾아야 합니다.

좋은 아버지가 되려는 아버지들의 모임에서 만든 '좋은 아버지 20계명'을 참고로 소개합니다.

1) 대화의 소재를 만들자.

2) 자녀에게 결정권을 많이 주자.

3) 자녀의 공책을 들여다보자.

4) 자녀에게 편지를 써보자.

5) 자녀의 나쁜 습관 지도는 비유를 쓰자.

6) 자녀와 함께 보내는 시간은 질을 중요시하자.

7) 먹자 놀이판 문화를 버리자.

8) 자녀와 공동의 경험을 쌓자.

9) 가족 이기주의에서 벗어나자.

10) 자녀의 학교를 찾아가 보자.

11) 자녀를 강하게(인내, 고통도 아는) 키우자.

12) 근로의 중요성을 알게 하자.

13) 청소년이 되기 전에 선도하자.

14) 정정당당한 위엄을 보이자.

15) 때로는 회초리를 사용하자.

16) 늘 그림자로 존재하자.

17) 성공 자체를 목표로 두지 않게 하자.

18) 소중한 물품을 자녀에게 관리하도록 맡기자.

19) 자녀의 친구, 좋아하는 일, 사소한 것을 기억하자.

20) 주1회는 자녀와 아버지와의 특별한 시간을 갖자.

어머니의 역할

　태양이 있는 곳은 언제나 따뜻하고, 어머니가 있는 곳의 자식들은 언제나 행복합니다. '어머니' 라는 세 글자 속에는 없는 것이 없습니다. 그래서 이 단어는 더욱 엄숙한 것 같습니다.

　인심은 변하고, 산천도 변하고, 시대는 변해도 어머니의 자식을 위한 정성과 사랑은 변하지 않습니다. 자녀를 위해 살다가 자녀를 위해 죽고 싶은 그 사랑, 그것이 어머니의 사랑입니다.

　아름다운 노래도 세 번 들으면 실증이 난다지만 불러도 불러도, 듣고 또 들어도 싫지 않은 이름이 있습니다. 그 이름은 어머니입니다.

어머니라는 존재

　어린 시절의 중요성을 강조한 프로이드는 구순기, 항문기의 발달과업인 사랑과 수용을 충분히 받고 자라날 경우 커서 안정감 있고 사람을 포용하는 원만한 인격의 소유자가 된다고 했습니다. 인간의 심리적 풍성함은 어머니가 만듭니다. 어머니가 있음으로 인해 가정이 따뜻합니다.

어머니는 사랑의 묘약이요, 최상의 카운슬러입니다. 탈무드에서는 "어머니를 잃은 아이는 문고리를 잃은 문과 같다"고 말합니다.

성경은 "여인이 어찌 그 젖 먹는 자식을 잊겠으며 자기 태에서 난 아들을 긍휼히 여기지 않겠느냐 그들은 혹시 잊을지라도 나는 너를 잊지 아니할 것이라"(사 49:15)고 말씀하고 있습니다. 하나님의 사랑이 인간의 지고한 사랑인 어머니의 사랑보다 더 크다는 것입니다.

하나님 사랑을 제외하고 어머니의 사랑보다 더 큰 사랑은 없습니다. 어머니의 품은 포근합니다. 불안하여 울던 아이가 어머니의 가슴에 안기면 안정감을 얻고 웃을 수 있게 됩니다.

어머니의 품은 세상 파도에 지친 아들을 영접하기 위한 아늑한 포구요, 실망한 자녀의 머리를 쓰다듬는 위로요, 뜨거운 이마를 식혀주는 약손입니다.

시집살이에 시달리며 고통을 당하던 며느리가 친정에 가서 친정 어머니와 하룻밤 지새우며 이야기하고 나면 모든 스트레스가 사라지게 됩니다.

유럽의 크림 전쟁 때 간호원으로 종군하여 백의 천사로 불린 나이팅게일은 전쟁터에서 수많은 병사들이 죽어가면서 마지막으로 유언처럼 부르짖던 말이 "어머니"였다는 사실을 발견하였습니다.

어머니는 남성의 고향이요, 인류의 고향입니다.

선다싱은 "나는 세계에서 가장 좋은 신학교에서 공부했다. 그곳은 어머니의 품이었다"라고 했습니다.

가장 큰 재산

인간에게 고귀한 것 세 가지가 있습니다. 땀과 피와 눈물입니다. 인간의 눈물은 귀한 것입니다. 예수님도 공생애 생활 중 자주 우셨습니다. 특별히 여성의 눈물은 단순한 액체가 아니라 하나님께서 주신 특별한 선물입니다.

첫째, 눈물에는 감화력이 있습니다.

유대인 어머니들은 눈물로 기도 드리는 모습을 자녀들에게 보여 줍니다. 눈물로 타이릅니다. 어머니의 눈물을 보고자란 자녀들은 그 모습을 기억하는 한 결코 범죄할 수 없습니다.

하나님은 인간을 창조할 때 남자의 원료로 진흙을 사용했고, 여자의 원료로는 남자의 갈비뼈를 사용하였습니다. 남자가 여자보다 강한 것 같지만 실상은 여자가 남자보다 더 강합니다. 흙은 물이 부어지면 흐물흐물해집니다. 부부싸움을 할 때 여자가 남자에게 바락바락 대항하는 것보다 눈물을 보이면 남자는 흐물흐물해지게 되어 있습니다.

둘째, 눈물에는 하나님의 응답이 있습니다.

성도는 영적으로 신부이고, 예수님은 신랑입니다. 예수님을 움직일 수 있는 방법은 성도들의 눈물입니다. 하나님은 눈물의 기도에 약합니다. 유대인 어머니는 아이들이 병이 났을 때 눈물의 기도를 드리면 병이 낫는다는 믿음을 가지고 있습니다.

우리 한국이 왜 하나님의 복을 받게 되었을까요? 남성들이 많은 노력을 했습니다. 그러나 중요한 이유는 한국의 수많은 어머니들이 많은 눈물을 흘렸기 때문에, 하나님께서 이를 불쌍히 여기셨기 때문입니다. 어머니의 눈물은 귀한 것입니다.

예수님은 바리새인들에게 눈물이 없다고 책망하셨습니다(마 11:17, 눅 7:32) 현대사회의 가장 큰 문제는 눈물, 인정이 없다는 것입니다. 이것은 종말론적인 현상입니다.

교육적 역할

아버지의 교육은 아이의 성품이 결정된 3살 이후부터 시작되지만 어머니의 교육은 뱃속에서부터 시작됩니다. 어머니는 10개월간 뱃속에 아이를 품고 있으면서 자녀와의 놀라운 관계, 불가분의 관계를 형성되게 됩니다.

그러므로 어머니의 교육적 역할은 지대합니다. 그러면 아버지와 비교할 수 없이 중요한 어머니의 교육적 역할은 무엇입니까?

첫째, 믿음의 전수입니다.

아버지의 교육적 역할을 한마디로 '사상교육' 이라고 한다면 어머니의 교육은 '신앙교육' 이라고 말할 수 있습니다.

유대인들은 이방인과 결혼했을 경우 어머니가 유대인이면 아이는 아버지가 이방인이라도 유대인으로 인정을 받지만 아버지가 유대인이고 어머니가 이방인일 경우 아이는 이방인으로 간주됩니다. 그 이유는 어머니는 믿음의 전수자이기 때문입니다.

사도 바울은 디모데의 거짓 없는 믿음에 대하여 "이 믿음은 먼저 네 외조모 로이스와 네 어머니 유니게 속에 있더니"(딤후 1:5)라고 하였습니다. 바울은 디모데를 칭찬할 때 그를 아버지 계열로서가 아니라 믿음의 전수자인 어머니 계열로 받아들이고 그의 믿음을 인정했던 것입니다.

자녀들을 믿음으로 키우기 위해서는 어려서부터 자녀들에게 매일 하나님의 말씀을 들려주어야 합니다. 하나님의 말씀을 마음에 간직하고 하나님의 말씀이 자녀들을 주장할 수 있도록 해야 합니다.

성경 암송은 농부가 밭에 씨를 뿌리듯 우리 마음 밭에 말씀의 씨앗을 심는 노력입니다. 성경은 "눈물을 흘리며 씨를 뿌리는 자는 기쁨으로 거두리로다 울며 씨를 뿌리러 나가는 자는 정녕 기쁨으로 그 단을 가지고 돌아오리로다"(시 126:5~6)고 말씀하고 있습니다.

자녀의 마음 밭에 말씀의 씨를 뿌리는 일은 많은 수고를 필요로 합니다. 시간이 필요하고 인내가 필요합니다. 그러나 수고의 눈물을 흘리며 말씀의 씨를 뿌린 부모는 장차 기쁨의 단을 거두게 될 것입니다.

둘째, 바르게 사는 모범을 보이는 일입니다.

우리는 그 동안 잘 사는 일에만 몰두했습니다. 그 결과 잘 살게 되었습니다. 그러나 바르게 사는데 문제가 생겼습니다. 오늘날 사람들에게 가장 취약한 점은 선악 간에 분별이 부족하다는 점입니다. 이제는 잘 살기 위한 교육이 아니라 바르게 살기 위한 교육이 절대적으로 필요합니다.

바르게 살기 위해서는 선악에 대한 기준과 분별력이 있어야 합니다. 이것은 참된 가치관을 정립시키는 중요한 요소로 작용합니다.

성경은 "복 있는 사람은 악인의 꾀를 좇지 아니하며 죄인의 길에 서지 아니하며 오만한 자의 자리에 앉지 아니하고"(시 1:1)라고 교육의 방향을 제시하고 있습니다. 어머니는 아이와 함께 생활하면서 바르게 사는 법을 가르쳐야 합니다.

셋째, 질서를 가르치는 일입니다.

하나님께서는 인간을 축복하실 때 머리를 통해 축복하십니다. 교회의 머리는 그리스도입니다. 아내의 머리는 남편입니다. 자녀의 머리는 부모입니다. 하나님은 머리가 신통치 않아도 반드시 머리를 통해서 역사하십니다.

성경은 분명히 남자와 여자의 역할을 구분하고 있습니다. 남녀 간에 우열은 없으나 질서상 남자가 머리 역할을 하도록 규정되어 있습니다. 어머니는 비록 남편이 부족해도 자녀들이 아버지를 공격하거나 업신여길 때 적극적으로 아버지의 편을 들어주어야 합니다.

자동차를 안내서대로 사용하면 오래 사용할 수 있습니다. 마찬가지로 우리가 주님의 원리, 성경의 원리를 따라 살아야 하나님의 복을 누리며 살 수 있습니다.

웰빙 크리스천의 가을

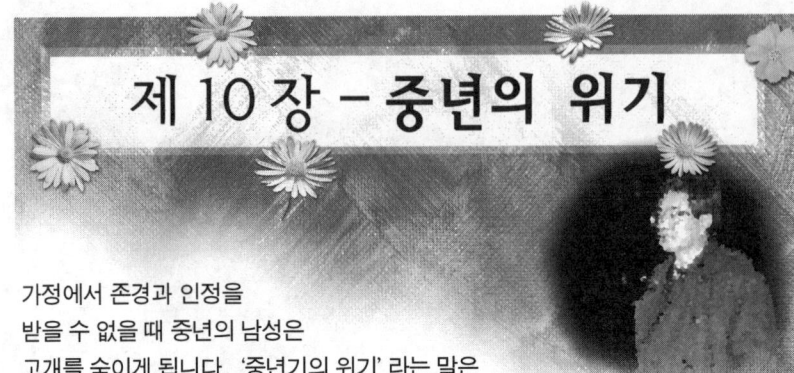

제 10 장 – 중년의 위기

가정에서 존경과 인정을
받을 수 없을 때 중년의 남성은
고개를 숙이게 됩니다. '중년기의 위기' 라는 말은
이러한 중년기의 특성을 대변해 주고 있습니다.

우울증

　여름날 그렇게 짙푸르던 나뭇잎들이 가을이 되면 붉게, 노랗게 산과 들을 수놓습니다. 그 아름다운 자연의 모습에 탄성이 절로 나옵니다. 인생을 계절로 본다면 중년기는 푸른 나뭇잎이 붉게 또는 노랗게 물들어 가는 것처럼 젊은 시절의 싱그러움이 퇴색해 가는 인생의 가을이라고 할 수 있습니다.

　구체적으로 중년기가 언제부터 시작되는지는 분명하게 단정할 수 없습니다. 그러나 대부분의 중년 연구학자들에 의하면 중년 시기는 여성은 35～60세까지이며 남성은 40～60세까지라고 말합니다.

중년기의 몸부림

발달 심리학적으로 볼 때 중년기는 청소년기에 형성된 자아 정체감을 바탕으로 사회적으로나 가정적으로 기반을 잡고 성 공하기 위해 청년기 동안 정신없이 달려온 그동안의 삶을 평가 하는 시기입니다. 즉 지금까지의 생활이 '과연 내가 원하던 삶 이었는가? 앞으로도 이와 같은 삶을 계속할 것인가?' 라는 질문 에 진솔하게 대답해야 하는 시기입니다.

또한 중년기는 가정, 직장, 교회, 사회에서 가장 무거운 책임 을 감당해야 하는, 인생을 살아가는데 있어서 가장 힘들고 위태 로운 시기입니다. 한국 중년 남성의 가족 관계를 보면 대개 위 로는 부모가 있고, 아래로는 자녀 교육에 큰 부담을 가지고 있 습니다. 가장으로서의 책임을 이행하지 못할 때 가족으로부터 정신적인 지지를 받을 수 없습니다.

특별한 가정을 제외하고는 가장이 가족을 충분하게 부양하 지 못할 때 자녀들은 아버지를 무능한 사람으로 여깁니다. 가 정에서 존경과 인정을 받을 수 없을 때 중년의 남성은 고개를 숙이게 됩니다. '중년기의 위기' 라는 말은 이러한 중년기의 특 성을 대변해 주고 있습니다.

시편 102편을 보면 시인은 "내 날이 기울어지는 그림자 같고

내가 풀의 쇠잔함 같으니이다"(11절)라고 고백했습니다. 시인
은 중년기의 위기를 잘 알고 있었습니다.

"나의 말이 나의 하나님이여 나의 중년에 나를 데려가지 마
옵소서 주의 연대는 대대에 무궁하니이다"(24절).

우리는 시인의 기도에서 인생의 허무감을 이기기 위해 몸부
림치는 모습을 볼 수 있습니다.

그런데 많은 사람들이 중년에 인생의 꿈과 목표를 포기해 버
립니다. 그리고 살았으나 죽은 자처럼 살아갑니다. 목표를 상
실하면 심리적 육체적으로 활기를 잃게 되어 있습니다.

40대의 남성과 여성들을 상대로 이야기해보면 우울해 하는
원인에 차이가 있음을 볼 수 있는데 남성보다는 여성이 심리적
으로 더욱 복잡한 양상을 나타내고 있습니다.

중년기 여성의 우울증

정신병 환자들과 일반인들을 대상으로 한 연구 조사에 의하
면, 남성보다는 여성들 가운데 우울증이 더 흔하다는 사실을 알
수 있습니다. 그 이유에 대해서 사회적 조건, 수입의 차이, 생리
적 이유 및 호르몬 작용 등 여러 가지 이론들이 제기되었습니
다. 이러한 이론들의 종합으로서 대개 남자들의 두 배 비율로
여성들이 우울증을 앓고 있습니다.

여성의 우울증은 크게 세 가지 측면에서 정리해 볼 수 있습니다.

첫째, 생리적 요인입니다.

여성의 월경 전 증후군(PMS)은 아마 여성에게 나타나는 가장 흔한 형태의 생리적 우울증일 것입니다. 많은 여성들이 매달 일정한 때가 되면 상당한 불쾌감과 짜증스러움을 경험합니다.

민감한 여성의 경우는 월경 2주전부터 증상이 나타나 한 달이면 거의 절반을 우울한 상태로 보내게 됩니다. 스트레스는 월경 전 증후군을 심각하게 악화시킬 수 있습니다. 이런 점에서 기혼 여성은 자신의 생리일이나 월경전 증후군에 대한 정확한 지식을 남편에게 알려 줄 필요가 있습니다.

산모들의 약 80퍼센트 정도는 출산 후 3~7일이 지나면 우울증 상태에 빠집니다. 보통 출산 후 6주 정도까지 영향을 미치는 것이 대부분입니다. 하지만 사람에 따라서는 1~2년 이상 지속되는 경우도 있습니다. 산후 우울증은 초기에 뚜렷한 이유 없이 기분이 가라앉거나 눈물이 흐르고 주위 사람들에게 육아에 대한 걱정이나 피로감, 신체적 불편함을 호소하는 증상으로 나타납니다.

특히 여성은 중년기에 접어들면 신체적으로는 갱년기, 폐경기를 맞이하며 이로 인해 우울증에 시달리게 됩니다. 폐경은 여성 생활의 여러 가지 측면을 상실한다는 신호이기도 합니다. 아이를 하나 더 갖기를 원했던 여성이라면 우울증에 걸리기 쉽습니다. 통계상 여성의 절반이 폐경기에 심각한 우울증을 경험하고 있으며, 사람에 따라 그 증상이 오래 지속되기도 합니다.

둘째, 정서적 요인입니다.

중년의 여성은 텅빈 집안에서 빈 둥지 증후군에 시달리게 됩니다. 남편과 아이들이 나가버린 시간, 내가 지금까지 무엇 때문에 살았는가 하는 인생의 목적에 대해서 다시 되짚게 됩니다.

중년기의 여성은 결혼 이후 지금까지 자신이 하고 싶은 일을 하면서 살아오기보다는 남편의 뒷바라지와 자녀 양육으로 자신을 잊고 살아왔습니다. 그런데 남편과 자녀들로부터 자신의 수고에 대한 인정과 보상을 받지 못할 때는 허탈감과 배신감을 느끼게 됩니다.

자신이 무엇 때문에 이렇게 바쁘게 안달하며 염려하는지 문득 의아해할 수 있습니다. "이게 다 뭐란 말인가?" 이 질문에 만족스러움이 없을 때의 가장 정직한 반응은 권태일 것입니다.

중년 여성들은 삶의 권태에서 벗어나기 위해 새로움을 추구합니다. 이제라도 자신이 하고 싶은 일을 하고자 하는 강한 욕구를 갖게 됩니다. 이와 같은 자아실현의 욕구가 생각대로 이루어진다면 어느 정도 삶의 활기를 되찾을 수 있을 것입니다.

그러나 대개는 새로운 일을 시작하기에는 너무나 시간이 짧고 여유가 없다는 생각으로 인해 좌절하게 됩니다. 새로운 희망에 대한 생각보다는 여유가 없는 미래에 대한 생각이 중년 여성을 초조하고 화나게 만들며 결국 우울하게 만들 수 있습니다.

셋째, 관계적인 요인입니다.

중년기 여성은 우선 남편과의 관계에서 갈등을 경험하게 됩니다. 중년 여성들이 제시하는 문제들은 남편들의 외도 문제, 폭력 문제, 도박 문제 등입니다. 사실 이러한 문제들은 결혼 초기부터 시작된 문제입니다.

그러나 그 때는 대체로 남편이 변화할 것이라는 희망과 기대를 가지고 삽니다. 하지만 시간이 지나서 변화되지 않을 때 희망과 기대는 실망과 좌절로 바뀌고 우울하게 됩니다.

그 다음 자녀들과의 관계에서 우울증을 경험하게 되는데 특히 딸과의 관계에서는 경쟁과 질투심을 느끼게 됩니다. 자신의 딸이 매력 있는 여성으로 성장하는 것이 자랑스럽고 좋으면서도 다른 한편으로는 부럽고 질투심이 생기게 되는 것입니다.

흔히 또한 중년 여성들은 자녀들의 독립으로 인해 버림받음과 배신감을 경험하게 됩니다. 남편과 관계가 좋지 않은 여성들은 아들 또는 딸과 정서적으로 밀착하게 되는데, 많은 시간을 그렇게 살아온 여성일수록 자녀들의 독립은 커다란 상처로 남게 됩니다.

또 한편으로 자녀들이 자신을 돌보지 않는다는 사실로 인해 자녀들에 대해 배반감이나 적대감을 경험하게 됩니다. 이러한 자녀들에 대한 부정적인 감정들은 아이들의 이성친구들에 대한 부정적 또는 적대적인 태도로 나타나며, 필요 이상으로 자녀를 통제하려고 하거나 자녀의 이성친구에 대하여 트집을 잡는 행동을 하게 됩니다.

그리고 중년기 여성의 우울증은 시댁과의 관계에서도 많이 나타납니다. 특히 시어머니와의 갈등에서 비롯되고 있습니다. 역기능적 가정의 부모는 자녀가 성장한 후에도, 노인이 되어서도 여전히 자녀를 통제하려고 합니다. 이러한 병적인 가족 관계는 중년기 여성들에게 삶의 의욕을 상실하게 만들고 심한 우울증을 불러일으킵니다.

중년기의 과제

중년기의 변화를 가장 심도 있게 연구한 사람은 종교적 분석 심리치료학자인 칼 융입니다. 그는 인간의 생명 에너지의 흐름이 중년기에 들어서면서 바뀌어진다는 주장을 했습니다.

그에 의하면 중년 전까지는 생명 에너지의 방향이 외부를 향해 흘러 나갑니다. 직업의 성공, 만족스러운 성생활, 재산 증식, 그리고 주위 세계로부터 인정과 존경을 받을 수 있는 업적을 쌓기 위해 에너지를 쏟아냅니다.

그러다가 중년이 시작되면 본인의 의지와 상관없이 자연스럽게 생명 에너지의 방향이 내적인 세계, 즉 정신과 영적 세계로 전환됩니다.

우리는 융의 주장을 근거로 인생의 오전과 오후를 살아가는 원칙을 생각해 볼 수 있습니다. 인생의 오전인 청년기까지는 성공과 성취를 위해 살지만 인생의 오후인 중년기에 들어서면 자기 실현을 위해 영적이고 정신적인 삶을 살아야 합니다.

중년기에 주어진 과제는 종교적인 인간이 되는 것이며, 구체적으로 하나님의 형상을 회복하기 위한 순례의 길을 걷는 것입니다. 그러나 중년에 접어들어서도 여전히 세상의 욕심에 끌려 외부로 생명 에너지를 쏟아내면 알 수 없는 심리적 갈등이나 혼란이 다가옵니다.

중년기에 접어들면 적극적으로 삶의 방향을 전환해야 합니다. 자기 중심적인 삶을 지양하고 타인 중심적인 인생관과 가치관을 가지고 이웃을 위한 사랑과 봉사의 삶을 살아야 합니다.

이웃을 위해 헌신하고 희생한다는 것은 우리 인간에게 주어진 운명 속에서 가장 빛나고 향기로운 임무를 수행하는 일입니다. 또한 중년기의 문제를 극복하는 힘이 되며 한편 중년기의 삶 속에 보다 싱싱한 기쁨과 환희를 선사해 줄 것입니다.

삶의 권태

미국 사람들은 신혼기를 '허니 타임'(honey time)이라고 합니다. 즉 꿀맛처럼 달콤한 시기라는 말입니다. 우리 나라 사람들은 "깨가 쏟아진다"고 합니다. 그러나 깨가 쏟아지고 나면 빈 껍데기만 남게 됩니다. 연애 시절, 그리고 깨가 쏟아지는 신혼기의 사랑은 어떤 면에서는 참 사랑이라고 할 수 없습니다. 일시적이고 충동적인 사랑일 뿐입니다.

그러므로 신혼기가 마냥 행복하게 지속되는 것이 아닙니다. 얼굴을 맞대고 속삭이던 밀월 기간이 지나면 큰 소리로 싸우기 시작합니다. 사랑 싸움도 한 때입니다. 중년기에 접어들면 그 싸움마저도 사그러 듭니다. 중년기는 소위 결혼생활의 권태기입니다.

권태기의 위험

결혼 전에는 서로를 소유하기 위해 온갖 노력을 다하다가 결혼을 통해 상대방의 육체와 감정, 관심을 독점한 부부는 더 이상 상대방에게 사랑스럽게 보이려고 노력하지 않습니다. 신비감은 사라지고 예절이 없어집니다.

권태기에 접어들면 지금까지 좋게만 보였던 상대방의 모든 것이 다르게 보입니다. 전에는 잘 생긴 것 같던 얼굴이 아무 개성도 없는 얼굴로 보이고, 전에는 무던해 보이던 성격이 우유부단하게 보입니다. 상대방의 모든 것이 참을 수 없을 만큼 역겨워 보입니다.

연애할 때는 남편이 아내에게 얼마나 잘 해 주었습니까? 회사 일이 아무리 바빠도 지하 다방에 와서 기다리고 있다고 전화하면 총알같이 달려나왔습니다. 그러나 이제는 언제 그랬냐는 듯이 무심합니다. 속았다는 느낌에 가슴을 치기도 합니다.

아내도 마찬가지입니다. 결혼 전에는 사랑받기 위해 얼마나 노력했습니까? 외모에 신경을 쓰고 가꾸었지만 이제는 세수도 하지 않은 얼굴로도 당당합니다.

이 때 사람들은 또 한 번의 착각을 하게 됩니다.

첫 번째 착각은 연애할 때 상대방을 사실 이상으로 좋게 보는 것입니다. 우리는 이 때 '눈이 멀었다'고 합니다. 사랑에 눈이 가리워져서 상대방이 환상적으로만 보입니다.

두 번째 착각은 권태기 때 상대방을 사실 이하로 나쁘게 보는 것입니다. 권태에 빠진 아내는 남편을 바라보면서 '이 사람이 남편이 될 수밖에 없었나?', 또 남편은 아내를 바라보면서 '다른 여자와 결혼했더라면 어떻게 됐을까?' 라는 몽상에 젖어들게 되는 것입니다.

그러므로 권태기에 빠진 사람은 인간 관계에서 심각한 위기를 맞이할 수 있습니다. 모든 관계를 포기하고 싶은 유혹에 빠집니다. 자신을 둘러싸고 있는 상황에서 탈출하고 싶어집니다.

오늘날 가정의 위기는 중년 부부의 이러한 문제점들을 반영해주고 있습니다. 숱한 남자들이 상황이 어떻게 되다보니 떠밀려서 결혼했다고 생각하고 있습니다. 그 결과 그들은 만약 다른 여자와 결혼했더라면 하는 생각에 빠져 있습니다. 여자들도 혼전 임신, 집안 사정, 그 밖의 다른 압력 때문에 결혼했다는 생각에 자기 남편을 하나님께서 짝지워주신 존재로 확신하지 못하고 있습니다.

이런 생각들은 결혼의 일체성을 와해시킵니다. 어떤 사람들은 다시 한번 자신의 인생을 불태울 사랑의 환상을 좇다가 다시는 돌아오지 못할 강을 건너기도 합니다.

옛날 우리네 여인들은 참고 견디며 중년기의 과정을 통과했습니다. 그에 비해 남자들은 이 시기를 거의 참지 못하고 쉽게 한눈을 팔기 일쑤였습니다. 이제는 상황이 달라졌습니다. 요즘 여자들도 과거와 같이 참고만 지내지 않습니다. 남편이 바람을 피우면 맞바람을 피우기도 합니다.

바람기를 다스리라

성(性)은 불과 같아서 결혼이라는 난로 안에서는 따뜻하지만 난로 밖에서는 파괴적이고 통제가 불가능하게 됩니다. 조그만 불씨가 온 산을 태우는 것처럼 중년기의 한 순간의 외도는 자신은 물론 가정을 무너뜨리는 결과를 가져옵니다.

바람기 있는 중년기 부부들은 정당한 결혼생활에 대해서 교훈하는 하나님의 말씀에 주목하고 귀를 기울여야 합니다. 성경은 남편들에 대해서 교훈을 하고 있습니다. 남편이 중요하기 때문입니다. 남편이 변하면 아내는 절로 변하게 되어 있습니다.

남편은 이 세상에서 내 아내가 제일이라고 생각하며 사랑해야 합니다. 그래야 가정이 행복해집니다. 잠언 5장 18~19절을 보면 남편의 아내에 대한 태도를 네 가지로 이야기하고 있습니다.

첫째로, "아내를 복되게 하라"고 말씀합니다.

모든 이스라엘 여인들은 자녀를 낳은 것을 복으로, 그렇지 못한 것을 저주로 생각했습니다. 따라서 "네 샘으로 복되게 하라"는 말씀은 네 아내로 나의 자식을 낳는 복을 받게 하라는 것입니다. 가정의 즐거움은 자녀들에게 있습니다. 자녀는 하나님이 주신 기업입니다.

둘째로, "아내를 즐거워 하라"고 말씀합니다.

멍에를 함께 멘 아내와 즐거워하는 일은 당연한 것이며, 하나님께서 명하신 것입니다(전 9:9). 밖에 나가서는 사람들과 즐겁게 명랑하게 지내면서 집에 돌아와서 아내와 엎잖고 무뚝뚝하게 지내는 자들은 아내에게 뿐 아니라 하나님에게도 불순종의 잘못을 범하는 것입니다.

셋째로, "아내의 품을 족하게 여기라"고 말씀합니다.

암사슴과 암노루는 아름답고 맑은 눈, 섬세한 머리결, 우아한 몸가짐 등으로 아내의 모습에 비유됩니다. 그렇다고 아내가 반드시 외모가 아름다워야 한다는 의미가 아닙니다. 이것은 외모보다 아내의 덕이 아름다움을 비유하는 것입니다.

중년기가 되면 얼굴에 주름도 생기고 몸매도 망가집니다. 나이를 먹으면 늙는 것이 자연스러운 것입니다. 굳이 유행 따라 성형 수술을 할 필요가 없습니다. 중년의 아름다움은 외모보다는 원숙한 내면의 아름다움에 있습니다.

음녀는 그 외모가 아무리 아름다워도 그 마음은 악독하고 잔인합니다. 사나운 짐승과 같습니다. 그러므로 암사슴과 암노루처럼 온유하고 사랑스러운 아내만을 상대로 그 안에서 흡족함을 얻어야 합니다.

우리의 관심은 오직 한 사람에게만 집중되어야 합니다. 평생 한 여자를 만족시킬 수 있는 사람이 되든지, 아니면 한 여자로 만족할 수 있는 사람이 되어야 합니다. 여성도 마찬가지입니다. 평생 한 남자를 만족시킬 수 있는 여성이 되든지, 한 남성으로 만족할 수 있는 여성이 되어야 합니다.

넷째로, "아내의 사랑을 연모하라"고 말씀합니다.

남편은 아내의 품을 족하게 여길 뿐 아니라 더 나아가 그 사랑을 연모해야 합니다. 아내 편에서 역시 남편에게 적극적으로 매력을 나타내야 하는데. 그러기 위해서는 끝없는 자기 계발이 필요합니다.

아내의 품을 떠난 사랑은 비참한 결과를 가져오는 그릇된 쾌락입니다. 남편들도 "혼인을 귀히 여기고 침소를 더럽히지 않게 하라 음행하는 자들과 간음하는 자들을 하나님이 심판하시리라"(히 13:4)는 말씀을 기억하면서 오직 아내의 사랑만을 연모해야 합니다.

몸을 주장하지 말라

바울은 부부 간의 성생활의 의무를 이행할 때 부부는 자기 몸에 대한 자기 주장을 하지 말라고 가르치고 있습니다(고전 7:4). 다시 말해서 부부는 자신의 몸을 전적으로 자기 의사에 따라 사용할 수 없다는 뜻입니다.

이것은 부부의 의무이면서 동시에 권리라고 할 수 있습니다. 즉 상대방에게 몸을 내어주어야 하는 의무를 가진 동시에 상대방의 몸을 주장할 수 있는 권리를 가지는 것입니다. 여기서 '상대방의 몸을 주장한다' 는 말은 성생활을 통한 만족을 요구할 수 있는 권리 주장을 포함하는 것입니다.

상담학자 제이 아담스는 본문에 근거하여 아내나 남편이 요구하는 성생활을 정당한 근거 없이 상대방이 거절하거나 오랫동안 거부하는 행위는 이기적이요, 비성경적인 행위라고 주장했습니다. 건전한 성생활은 건강한 결혼 생활의 기초가 됩니다.

가부장적인 사회인 우리 나라에서는 그 동안 남편의 권한은 강조하고 아내에 대한 남편의 의무는 소홀히 했습니다. 남편은 자기 몸에 대해서 자유로운 권한을 행사해도 되지만 여자는 남편에게 종속되어 있기 때문에 집안에서 남편이 시키는 대로 순종해야 했습니다.

오늘날 이혼 사유를 보면 여자들의 대부분이 남편의 가부장적인 태도에 반기를 들고 있습니다. 부부 문제를 해결하려면 남자들이 각성하여 가부장적인 태도를 속히 시정해야 합니다. 그 이유는 가족 체계가 변한 까닭이기도 하지만 가부장적인 태도는 성경의 원칙이 아니기 때문입니다.

성경이 말하는 가족 간의 윤리, 부부 간의 윤리는 인격에 기초한 상호 관계입니다. 결혼생활에 있어서 의무와 권리는 부부 모두에게 동등한 것입니다. 몸을 주장하는 권리에서도 그렇습니다. 남편 뿐 아니라 아내도 자신의 감정에 따라 '예'와 '아니오'를 말할 수 있어야 합니다.

질서 있는 부부생활을 위한 바울의 또 하나의 염려는 '서로 분방하지 말라'는 것입니다. 권태기에 접어들면 서로 분방하는 일이 잦아지고, 또 기간이 길어집니다. 나이가 들면 성에 대한 관심이 역전됩니다. 남성은 애정 표현을 중요시하고 여성은 등한히 합니다. 그래서 남편은 추근대고, 아내는 '여보, 됐어'라고 말합니다.

그러므로 바울은 권고합니다.

"서로 분방하지 말라 다만 기도할 틈을 얻기 위하여 합의상 얼마동안은 하되 다시 합하라 이는 너희의 절제 못함을 인하여 사단으로 너희를 시험하지 못하게 하려 함이니라"(고전 7:5)

부부가 오래 떨어져 있으면 결혼생활이 멍들고, 애정이 식고, 시험에 빠지는 일이 있으므로 그러한 일이 없도록 서로 조심해야 합니다.

제 11장 – 변화를 추구하라

결단을 내리지 못하는 이유는
많을 것입니다. 소심해서도 그렇고
자신이 없어서도 그럴 것입니다. 이제 용기를 가지고
결단하십시오. 그리고 작은 것부터 곧바로 실행하십시오.
아무리 개선 계획을 세우고 결단해도 실행하지 않는다면
개선은 불가능합니다.

희망을 가지라

많은 부부들이 결혼식장에서 죽음이 두 사람을 갈라놓을 때까지 서로 사랑하고 섬기겠노라고 서약했습니다. 그 때는 희망과 꿈으로 부풀어 있었습니다. 그런데 지금은 먼 옛날의 이야기가 되어 버렸습니다.

교회에 다닌다고 해도 예외는 아닙니다. 교회에서는 거룩한 성자 같은데 집에서는 폭군인 남편들이 있는가 하면, 새벽기도, 철야기도, 교회 봉사는 열심인데 집에서는 잔소리꾼 아내들이 많습니다.

아무 희망 없이 마지못해 살며, 언제 파선할지 모르는 고비에 서 있습니까? 체념한 채 그럭저럭 살아가야 하는 것이 운명입니까?

사랑의 삼단계

부부의 사랑에는 세월의 흐름에 따른 일정한 패턴이 있습니다. 대개 사람들은 이것을 감지하지 못합니다. 이 시대 최고의 기독교 작가인 필립 얀시는 결혼 25주년을 맞아 지난 과거를 회상하면서 사랑에는 삼단계가 있다고 했습니다.

첫 번째 단계는 결혼 전입니다. 결혼 전에 부부는 본능적으로 상대방이 원하는 것을 하려고 노력합니다. 아내는 남편에게 아름답게 보이려고 노력하고, 취미가 없었음에도 불구하고 남편을 위해 스포츠에 관심을 갖습니다. 반면에 남편은 흥미가 없던 식물과 꽃에 대해 관심을 갖고, 대화할 때는 남자다운 짤막한 대답보다는 아내를 위해 자주 질문을 던지게 됩니다.

두 번째 단계는 결혼 후입니다. 결혼하면 과정이 역전됩니다. 남편과 아내는 서로 자신의 권리를 주장하고, 상대방에 대한 자신의 뜻을 굽히지 않습니다.

세 번째 단계는 그 과정이 다시 미묘하게 바뀌기 시작합니다. 이제 남편은 기꺼이 아내에게 최선을 다하려고 노력합니다. 아내를 손아귀에 넣겠다는 것이 아니라, 그 동안 나와 함께 한 동반자를 기쁘게 해 주려는 마음에서 그런 것입니다.

필립 얀시는 이러한 연유로 이 단계에 도달하기 전에 서로를 포기하는 부부들을 보면 안타까움을 느낀다고 합니다. 부부 관계의 개선에 대해 좌절하고 포기한 사람들에게 필립 얀시의 말은 어둠을 비추는 한 줄기 빛과도 같습니다.

결단하라

인간은 희망 없이는 살 수 없는 존재입니다. 장래에 대한 희망을 갖는다는 것은 자유나 용기와 같이 살아감에 있어 불가결한 것입니다. 장래의 희망을 가진 사람은 현재 직면하고 있는 고난을 견딜 수 있습니다.

결혼의 장래는 가족이나 사회적 전통이라고 하는 과거의 사건에 의해서 많은 영향을 받는 것은 틀림이 없습니다. 동시에 현재의 결단에 의해서도 크게 좌우됩니다.

그런데 불행히 많은 사람들이 결단 공포증에 걸려 있습니다. 결단을 내리고 새로운 행동으로 옮기면 마치 큰 일이나 날 것처럼 두려워하고 있습니다. 불편해도 그냥 참고 지냅니다. 그저 행여나 하는 막연한 기대 속에 기다리고만 있습니다.

결단을 내리지 못하는 이유는 많을 것입니다. 소심해서도 그렇고 자신이 없어서도 그럴 것입니다. 이제 용기를 가지고 결단하십시오. 그리고 작은 것부터 곧바로 실행하십시오. 아무리 개선 계획을 세우고 결단해도 실행하지 않는다면 개선은 불가능합니다.

목표를 세우고도 무계획이나 태만 등에 의하여 그 목표를 달성하지 못하는 사람들이 있습니다. 예를 들어 밤 시간에 좋은 계획을 세워 놓았어도 하루가 끝날 무렵에는 피로해져서 아무것도 할 수 없는 경우가 있습니다. 목표를 달성하기 위해서는 분명한 시간 계획과 에너지 분배가 필요합니다.

훈련하라

문제를 발견했다고 해서 그 문제가 사라지는 것은 아닙니다. 잘못된 습관을 버리고 새로운 습관을 익히기까지는 반복적인 훈련이 필요합니다. 시간이 요구됩니다.

새로운 계획을 실천하는데 실패했다고 낙심하거나 좌절하지 마십시오. 실패했다면 그 순간 그 자리에서 다시 시작하십시오. 작심삼일(作心三日)이면 삼일마다 다시 시작하면 됩니다.

훈련하는 과정에서는 말이 중요합니다. 현실을 보지 말고 변화된 남편과 아내의 모습을 바라보면서 믿음으로 작동되고 발휘되는 새로운 말과 행동을 해야 합니다.

스스로 '나는 할 수 있다' 는 긍정적인 말로 자신을 일으켜 세워야 하고, 또한 상대방에게도 '당신은 할 수 있다' 라고 격려해 주어야 합니다.

사람은 무엇에든지 익숙해지기를 원합니다. 불편한 것을 좋아하지 않기 때문에 항상 습관화되기를 원합니다. 그래서 사람은 습관으로 산다고 말합니다. 말은 쉽게 습관화되는 것 중의 하나입니다. 한번 익숙해진 언어는 생각하지 않아도 입에서 흘러나옵니다.

무의식 중에 남편을 향해, 혹은 그 아내를 향해 습관적으로 하게 되는 말은 상대방에 상처를 주고, 좌절감을 안겨 줍니다. 그러므로 남편과 아내는 서로에게 유익과 행복을 줄 수 있는 정겹고 포근한 말을 부단히 훈련해서 습관화시켜야 하겠습니다.

함께 헌신하라

중년기는 성숙의 시기입니다. 중년기는 열매를 거두는 가을과 같습니다. 나무가 열매를 맺어 우리 인간들에게 풍성함을 제공하듯 중년기는 그 동안 쌓아온 것들을 가지고 남을 위해 베풀 수 있어야 합니다.

그러나 경쟁하는 사회 속에서 남을 위한 봉사의 삶을 산다는 것은 어려운 일입니다. 자신도 모르게 지나치게 경쟁하게 되고 이기주의, 개인주의로 치닫게 됩니다. 내색은 하지 않지만 그리스도인들 조차도 성공주의에 편승하여 높아지기 원하고 으뜸이 되기를 원합니다.

예수님의 제자들도 예수님을 따르면서 누가 그 나라에서 큰 자가 될 것인지 경쟁했습니다. 그러자 예수님은 제자들에게 섬기는 자가 그 나라에서 큰 자가 될 것이라고 하셨습니다. 예수님은 섬김을 받기 위해 오신 것이 아니라 섬기기 위해서 이 땅에 오셨습니다.

부부 유형

중년기를 살아가는 사람들은 예수님의 말씀대로 섬기고 봉사하는 삶을 살아야 합니다. 중년기는 나에게서 남에게로의 방향을 전환할 때입니다. 우리는 중년기 삶의 모델로서 사도 바울과 동역하며 성숙한 부부애를 나눈 브리스길라와 아굴라 부부를 주목할 필요가 있습니다.

이에 앞서 부부 유형을 살펴보고자 합니다. 가장 널리 알려지고 수용되고 있는 부부 유형 이론 중의 하나는 큐버와 하로프에 의해서 만들어진 부부 유형 이론입니다. 그들은 결혼한지 10년이 경과한 4백 쌍의 부부를 대상으로 이 이론을 만들었습니다.

첫째, 갈등이 습관화된 부부입니다.

사사건건 의견이 맞지 않아 싸우는 부부입니다. 싸울 때는 한시도 같이 살 수 없을 것 같지만 그래도 입씨름을 해가며 잘 살아 나갑니다.

둘째, 한 지붕 밑에서 살아도 남남이 된 부부입니다.

이러한 부부는 한 때 성생활을 포함하여 친밀하고 만족스런 관계를 맺었으나 현재는 식은 상태에 놓인 부부입니다. 따라서 부부생활도 행복과 기쁨보다는 의무와 책임감 때문에 계속되고 있습니다.

셋째, 별 뜻 없이 만나 그럭저럭 살아가는 부부입니다.

남들이 다 결혼하니까, 그냥 편리하니까 결혼했습니다. 타성에 젖어 있거나 자녀 때문이거나 재정 문제 때문에 한 지붕 밑에 살아가는 부부입니다.

넷째, 생동적인 부부입니다.

이러한 부부는 온정과 활기가 넘치고 사랑하는 비교적 이상적인 부부입니다. 부부 간에 솔직하고, 개방적이고, 대화도 되고, 갈등을 잘 해결해 나가며 성적 만족을 누립니다.

다섯째, 공통적인 부부입니다.

이러한 부부는 친밀하고 사랑하는 관계를 맺을 뿐 아니라 개방적으로 대화하고 갈등을 효율적으로 해결해 나가는 부부입니다. 이 유형의 부부는 함께 전문적인 활동에 봉사하거나 책을 펴내는 등 공동 활동을 많이 합니다.

함께 활동한 부부

브리스길라와 아굴라 부부는 다섯째 유형에 속하는 부부입니다. 신약 성경에는 그들의 이름이 따로 불려지는 일이 없습니다. 그들은 항상 같이 있었습니다.

그들이 유대인 추방령에 의해 로마에서 쫓겨나 고린도에 오게 되었을 때, 그곳에서 사도 바울을 만나 함께 거하며 일을 하게 되었습니다(행 18:1~3). 그럴 수 있었던 것은 그들의 직업이 바울과 같이 천막을 만드는 일이었습니다. 바울과 저희 부부는 금방 친밀감을 느끼고 깊고 친숙한 친구 사이가 되었습니다.

천막을 만드는 일은 고도의 기술을 요하는 일이었습니다. 아마 남편인 아굴라는 그 기술을 습득해서 아내에게 가르쳐 주었을 것입니다. 그녀는 적극적으로 남편의 일을 도우며 함께 활동했습니다.

남편이 가정 경제의 책임자이지만 요즘은 남편 혼자서 가정 경제를 책임지기에는 힘이 부칩니다. 아내의 도움이 필요한 때입니다.

남편이 가장으로서의 책임을 다하고 부인이 자신의 능력을 십분 발휘하여 남편을 돕는 브리스길라와 아굴라 부부의 모습은 중년기에 가장 위협적인 요소가 될 수 있는 경제적 문제를 적절히 풀어가는 모범 케이스라고 볼 수 있습니다. 그러나 모든 남편과 아내가 다 이처럼 함께 일을 할 수 없습니다. 부부가 같은 일을 하려면 고도의 성숙된 관계가 되어야 합니다. 브리스길라와 아굴라 부부는 이런 점에서 모범적인 부부였습니다.

이들 부부는 함께 일했고, 함께 추방을 당했고, 함께 예수 그리스도를 알게 되었습니다. 그들은 사도 바울 밑에서 18개월 동안 교제하며 집중적으로 성경공부를 했습니다(행 18:11).

영적인 연합보다 결혼 생활을 완전케 하는 일이 없습니다. 브리스길라와 아굴라 부부는 주안에서 말씀을 함께 나누는 일로 부부애와 동료 의식을 더욱 견고히 할 수 있었습니다.

좋은 동역자

이후 그들은 바울을 위해 목숨을 바칠 정도로 헌신하는 자가 되었고, 다시 로마에 들어가서는 자기의 집을 예배 처소로 제공

했습니다(롬 16:3~4).

그리고 그들은 변함없이 충성했습니다. 어느 누구라도 와서 이들이 세운 가정 교회에서 주님의 평안을 얻을 수 있었기에 그들은 바울이 마지막 순간에도 잊을 수 없는 귀한 일꾼이 되었습니다(딤후 4:19).

흥미로운 사실은 그들이 언급될 때면 남편보다 아내의 이름이 먼저 나온다는 점입니다. 이런 경우는 항상 생기는 것이 아닙니다.

어떤 남편들은 자기 아내가 자기보다 더 유식하고 유능하기 때문에 위협을 느끼며, 자기의 권위를 세우기 위하여 거드름을 피우거나 호전적이 됩니다. 어떤 경우는 아내가 남편과 경쟁하며 무엇인가 뽐내려 하기도 합니다.

그러나 브리스길라와 아굴라 부부는 서로 경쟁하지 않았습니다. 그들은 좋은 친구, 좋은 동역자였습니다. 저희들은 천막 만드는 직업을 통해서 주의 일에 동참했고, 사역자들을 힘껏 도왔습니다.

이들 부부는 신앙과 삶에 있어서 하나가 되었습니다. 이 부부가 지향하는 삶의 목표는 이 땅에서의 행복이 아니라 복음을 온누리에 증거하는 일이었습니다.

브리스길라와 아굴라, 그들은 얼마나 행복하고 희망찬 중년기 부부입니까? 부부가 한마음과 한뜻으로 신앙의 열매를 맺어 가는 모습은 중년기 성도들의 모델이라고 하기에 충분할 것입니다.

서로 격려하라

세월이 가면 신앙생활도 권태기에 접어듭니다. 히브리서 수신자들은 사도들의 가르침을 받았고 그리스도인이 된 지도 꽤 오래 되었습니다. 그들이 처음 믿음을 갖게 되었을 때는 그 믿음으로 인해 기쁨으로 고난과 박해를 당하고 재산을 잃기도 했습니다.

그러나 시간이 흐르고 해가 바뀌면서 신앙생활이 피곤해졌습니다. 히브리서 수신자들이 처한 영적 상태는 권태기의 현상과 대단히 흡사하다고 할 수 있습니다.

그들은 믿음을 떠나고 싶어했습니다. 그들은 죄의 유혹을 받았고, 믿음의 성장도 없었으며, 어떤 사람은 믿음을 버리기도 하고, 교회 출석도 점점 등한히 하게 되었습니다. 그들은 주님을 향한 첫사랑을 잃어 버리고 냉냉해졌습니다.

당시 성도들은 사랑의 행위에서 이미 칭찬을 받은 바 있었지만 이제 그들의 믿음이 흔들리자 소망도 흔들렸고, 사랑의 실천마저 식어지게 되었습니다. 이러한 현상은 어느 때나 마찬가지입니다. 우리의 신앙 여정에서도 경험하는 바입니다. 이 때 필요한 것은 무엇입니까?

격려하라

성경은 '말세가 되면 불법이 성함으로 사랑이 식어진다'고 했습니다. 사랑이 식어지면 선행도 귀하게 되는 것입니다. 사랑이 식어지면 전도할 마음도 없고, 사랑이 식어지면 봉사할 마음도 없고, 사랑이 식어지면 남을 위해 기도할 마음도, 그리고 교회를 위하는 마음도 없어지게 됩니다. 여기에 대한 처방은 서로 격려하는 것입니다.

여호수아가 모세의 후계자가 되었을 때 요단 동편에 먼저 땅을 얻은 르우벤 지파와, 갓 지파와, 므낫세 반 지파의 용사들은 가나안 정복을 위해 다른 형제들보다 앞장 서겠다고 약속하면서 여호수아를 격려했습니다.

"우리는 범사에 모세를 청종한 것 같이 당신을 청종하려니와 오직 당신의 하나님 여호와께서 모세와 함께 계시던 것 같이 당신과 함께 계시기를 원하나이다…오직 당신은 마음을 강하게 하시며 담대히 하소서" (수 1:17~18)

하나님과 백성들의 격려에 힘입은 여호수아는 마침내 가나안 정복의 대사업을 이루어 냈습니다.

존 맥스웰은 "인정받는 분위기 속에서 일을 못하거나 열심히 노력하지 않는 사람은 한 명도 없었다"고 했습니다. 그렇기 때문에 맥스웰은 자신의 지도력 개발 연구소의 스탭들에게 "다른 사람들과 대화할 때 이야기를 시작하고 60초 이내에 그를 격려하는 말을 하라"고 요청하고 있습니다.

격려는 사람에게서 최선의 것을 끌어냅니다. 격려는 영혼의 활력소와 같은 것입니다. 빅터 프랭클은 "만약 사람들이 각각 꿈꾸고 있는 그런 인물로 그들을 대우해주고 칭찬을 아끼지 않는다면 당신은 그들을 그러한 인물로 만들게 될 것이다"라고 했습니다. 칭찬과 격려는 꿈을 이루게 하며, 기적을 만들어 냅니다.

격려가 필요하지 않은 사람은 한 사람도 없습니다. 우리가 격려해야 할 사람들이 주변에 얼마나 많습니까? 격려는 하나님을 대신하는 일입니다. 하나님께서는 우리의 입술을 통해서, 우리의 격려를 통해서 사람들을 세우기 원하십니다. 작게라도 성공했을 때 격려해 주십시오. 목표한 것을 달성했을 때 격려해 주십시오. 가능한 자주 격려해 주십시오.

모이기에 힘쓰라

오순절 성령강림 이후 초대교회는 항상 모여서 떡을 나누어 먹고 기도하고 예배하며 주의 일에 서로 협력하였습니다. 그러나 핍박이 다가오면서 그 열기가 식어지게 되었습니다. 교인들 중에는 입교만 하고 교회 출석은 아니해도 괜찮다고 하는 교인들이 많이 있어서 "모이기를 폐하는 어떤 사람들의 습관과 같이 하지 말라"고 지적을 받았습니다.

옛날이나 지금이나 교회의 모임을 폐하려고 하는 사람들이 있습니다. 그 동기는 크게 두 가지로 생각해 볼 수 있습니다. 하나는 핍박을 피하고자 함이고, 또 하나는 조직교회에 속하지 않고 단독으로 신앙생활을 하려는 것입니다.

과거에는 핍박 때문이었지만 오늘날은 개인주의 성향으로 인해 홀로 신앙생활 하려고 합니다. 요즘 사람들은 사생활 침해받는 것을 싫어합니다. 그러다보니 자신이 드러나지 않는 대교회를 선호합니다.

교회에서 심방오는 것도 귀찮아 합니다. 얽매이는 것을 싫어하다 보니 다른 사람들과 더불어 신앙생활 하려고 하지 않습니다. 그러나 성경은 더불어, 서로서로를 중요시합니다. 혼자서 신앙 생활하려는 것은 교만입니다.

사람이 홀로 살 수 없는 것처럼 신앙생활도 홀로 잘 할 수 없습니다. 건강한 신앙 생활은 교회 중심의 신앙생활을 통해서만 가능합니다. 더구나 주님이 오실 날이 가까울수록 세상에 죄악이 왕성해지기 때문에 신자들이 모임을 등한히 하면 그만큼 타락하기 쉽습니다.

장작불을 피워 보셨으면 잘 아실 것입니다. 쌓아 놓은 장작에 불을 붙이면 그 장작들은 잘 탑니다. 그러나 불이 붙었을지라도 그 장작들을 따로 떼어놓으면 얼마가지 못해 연기만 피어오릅니다.

성도들의 신앙원리도 이와 같습니다. 교제가 필요합니다. 은혜를 받았을 때는 교회의 모임에 잘 참석합니다. 모임이 즐겁습니다. 그러나 이런 저런 이유로 한 번 두 번 빠지게 되면 그 다음부터는 모임에 참석하기 싫어집니다.

그렇기 때문에 성경은 "오직 권하여 그 날이 가까움을 볼수록 더욱 그리하자"라고 권면하고 있습니다. 오직이라는 말은 다른 방법이 없다는 것입니다. 한번으로 안되면 더욱 그리해야 하는 것입니다.

그러므로 부모는 자녀에게 권하고, 자녀는 부모에게 권하고, 남편은 아내에게 권하고, 아내는 남편에게 권해야 합니다. 가족끼리, 성도끼리 서로 서로 권할 때 유혹을 이길 수 있고 게으름도 이길 수 있습니다.

제 12 장 – 중년을 사는 지혜

자신의 자리에서 탈출하고 싶다면
그것은 쉼이 필요한 때이며
경고의 사인(Sign)입니다.
이 때는 충분히 수면을 취하고, 운동, 여행, 음악감상,
목욕, 쇼핑 등 자신의 취미 생활을 할 필요가 있습니다.

쉬었다 가기

하루의 피곤을 푸는 잠자리처럼, 한 생애의 기나긴 인생항로에서는 가끔 적당한 휴식이 필요합니다. 중년기까지 남자들은 직장에서, 여자들은 남편 뒷바라지와 자녀들을 양육하느라 정신없이 살아왔습니다.

중년기에는 달리던 길을 멈추고 자신의 위치를 돌아보며 쉬어갈 필요가 있습니다. 우리 몸은 기계가 아닙니다. 기계도 계속 사용하면 망가지게 됩니다. 중년기에 남성들의 과로사가 많은 것은 쉬어야 할 때 쉬지 않기 때문입니다.

휴식의 중요성

예수님은 친히 삶을 통해 우리에게 휴식의 중요성을 일깨워 주셨습니다. 예수님은 바쁜 가운데서도 한가한 시간을 내셔서 하나님 아버지께 기도하는 시간을 가지셨고, 때때로 군중을 피하여 쉬기도 하셨습니다.

또한 전도하고 돌아온 제자들이 사람들로 인해 음식 먹을 겨를이 없을 때 예수님은 저희들에게 따로 한적한 곳에서 쉬도록 하셨습니다(막 6:31).

탁월한 설교자이면서도 심각한 우울증을 경험한 바 있는 스펄전 목사는 "방앗간의 개울물은 그칠 줄 모르고 줄줄 흐르지만 우리는 가끔 멈춰 서기도 하고 휴식시간도 가져야 한다. 쉬지 않고 운동을 계속할 때 헐떡거리지 않는 사람이 어디 있는가?"라고 말했습니다.

우리는 몸의 청지기입니다. 우리 몸은 주님께서 값주고 사신 것입니다. 그러므로 우리 몸을 아끼고 건강하도록 잘 관리하여 주님이 필요에 따라 쓰실 수 있도록 해야 할 책임이 있습니다.

휴식은 낭비가 아니다

우리 나라 사람들은 휴식을 낭비로 생각하는 경향이 있습니다. 휴식은 낭비가 아닙니다. 휴식은 하나님의 창조 질서와 섭리에 순응하는 것으로서 낭비 같지만 실상은 더욱 경제적이고 효율적입니다.

휴식은 우리가 싸움터로 나가기 전 생기 넘치는 힘을 제공합니다. 즉 영성은 쉼에서 나오는 것입니다. 휴식은 성장과 성숙을 원하는 사람들에게는 필수 불가결한 것입니다.

미국의 영성 신학자인 노만 샤우척은 영성은 "하나님을 기다리면서 시간을 낭비하는 것이다"라고 이야기한 적이 있습니다. 그의 설명에 의하면 하나님은 안식하시는 하나님이요, 바쁜 일상 생활에 지친 몸과 마음을 편안히 쉬며 하나님을 바랄 때에 세미한 음성을 들려 주셔서 우리의 영을 새롭게 하시는 분이라는 것입니다.

유대인의 생활 경전 디아스포라에서는 "승자는 열심히 일하고, 열심히 놀고, 열심히 쉰다. 패자는 허겁지겁 일하고, 빈둥빈둥 놀고, 흐지부지 쉰다"고 했습니다. 양극단의 모습을 대조적으로 보여주고 있습니다. 대개 휴식할 줄 모르는 사람은 일할 줄도 모릅니다.

파스칼은 "인간의 모든 불행은 단 한 가지, 고요한 방에 들어앉아 휴식할 줄 모르는 데서 비롯한다"고 했습니다.

자신의 자리에서 탈출하고 싶다면 그것은 쉼이 필요한 때이며 경고의 사인(Sign)입니다. 이 때는 충분히 수면을 취하고, 운동, 여행, 음악감상, 목욕, 쇼핑 등 자신의 취미 생활을 할 필요가 있습니다.

보수적인 사람들은 이런 일들이 경건한 신앙생활에 거슬리는 일이라고 생각해서 주저할는지도 모르겠습니다.

에롤헐스는 「청교도들은 누구인가?」라는 책에서 많은 사람들이 검은 옷을 입고 즐겁게 사는 것을 혐오한 편협한 무리들로 생각하는 청교도들도 사냥, 낚시, 일종의 축구 게임, 볼링, 독서, 음악, 수영, 스케이팅, 활쏘기 등과 같은 다양한 취미 생활을 하였음을 밝히고 있습니다. 우리가 이 사실을 기억한다면 편안한 마음을 가질 수 있을 것입니다.

자연은 인생의 휴식처

휴식이 없는 인생은 짜증스럽고 고달프기만 합니다. 나는 마음이 지치고 우울한 느낌이 들 때면 즉시 차를 몰고 밖으로 나갑니다. 시간이 허락되면 여행을 떠납니다. 자연을 가까이 합니다. 자연은 하나님의 품과도 같습니다. 자연 안에 파묻히면 어느새 피곤과 짜증이 사라집니다.

도시의 자동차 소리는 우리의 신경을 건드리고 피곤하게 만들지만 숲 속에서 들려오는 개구리의 울음소리, 새들의 노래 소리, 풀벌레 소리 등 자연의 소리들은 조금도 시끄럽게 들리지 않습니다. 오히려 마음을 편안하게 해 줍니다. 세상 사람들을 바라보면 자꾸 마음에 상처를 입지만 자연을 바라보면 하나님의 임재를 느끼고 하나님의 숨결을 느낄 수 있습니다.

우리 교회에서는 해마다 강원도 주문진 아름다운교회에서 여름 수련회를 갖습니다. 10분 거리에 바다와 산과 어물 시장이 있고, 해송 사이로 바람이 부는 밤이면 솔향기 그윽하고, 개구리 우는 소리가 정겨운 그런 시골입니다.

나는 여름 수련회에 많은 프로그램을 준비하지 않습니다. 자연 속에서 지내는 그 자체가 프로그램이기 때문입니다. 여름 수련회는 자연 속에서 하나님의 손길을 느끼며 세상의 찌든 때를 다 떨쳐버리고 묵은 피로와 스트레스를 날려 버릴 수 있는 좋은 기회입니다.

예수님께서는 자연을 무대로 해서 많이 말씀하셨는데, 자연은 예수님에게 교육의 장(場)이요, 휴식처였습니다. 우리도 자연을 가까이하면서 진리를 배우고, 쉬어야 할 때는 자연의 품안에서 확실하게 쉬어야 하겠습니다.

의미를 발견하라

전통적으로 아버지는 집안의 절대자였고 식구들의 정신을 지배했습니다. 두려움과 존경의 대상이면서 한편으로는 기대고 의지하고 싶은 존재였습니다.

"아들을 알지 못할 때는 그 아버지를 보면 알 수 있다"고 할 정도로 아버지는 본을 보이는 이상형으로 여겨졌습니다.

이런 아버지의 존재가 외환위기를 겪으면서 깊은 바닥으로 떨어졌습니다. 구조조정 와중에 어느 날 갑자기 어깨가 축쳐진 모습으로 가족 앞에 나타난 것입니다. 부양 능력을 상실했다는 무력감에 밤잠을 설쳐야 했고, 식구들 앞에서는 미안한 마음에 큰 소리 한 번 제대로 칠 수 없게 되어버렸습니다.

많은 아버지들이 "자식들아 나처럼 살지마라"고 말하고 있습니다. 성공적으로 살지 못했다는 자괴감에 사식 앞에서 조차 고개 숙인 남자가 되어버린 가장의 장탄식입니다.

산은 정상을 향하여 올라갈수록 그 길은 더욱 험합니다. 그러나 올라가는 길이 험하고 어려울수록 안계(眼界)는 넓어집니다. 고난 앞에서 절망하지 말고 고난의 의미를 찾아야 합니다.

고난의 의미

옛날에 배를 만드는 사람들이 특별히 정성과 주의를 기울인 부분이 있었는데 그것은 가장 큰 힘이 가해지는 앞돛대였습니다. 강풍을 만나 앞돛대가 부러지면 배와 화물 뿐 아니라 선원들의 생명까지 위협을 받기 때문이었습니다.

그래서 배를 만드는 사람들은 높은 언덕 정상에 있는 나무를 돛대감으로 점찍어 두고는 그 나무 주위의 모든 나무를 베어 버리고 오직 그 나무 한 그루만을 남겨 놓았습니다. 그러면 그 나무는 사방에서 불어오는 모진 바람을 다 맞으며 강하고 단단하게 자라나 배의 앞돛대가 될 수 있었습니다.

인생도 마찬가지입니다. 사람들은 고난을 통해 인생을 배우며 성숙해집니다. 그리스도인들이 당하는 고난은 하나님을 아는 지식의 깊이를 더해 줍니다. 그래서 하나님께서는 때때로 당신의 자녀들에게 고난을 허락하십니다. 고난 없이 성숙해진 사람을 본 적이 있습니까?

하나님께서 사랑하는 사람들 중에 고난을 통과하지 않은 사람은 한 사람도 없습니다. 신약 성경의 대표적인 두 사도, 베드로와 바울을 주목해 보십시오. 고난의 의미가 새롭게 와 닿을 것입니다.

실패도 필요하다

예수님께서 십자가의 길을 가기 전 제자들을 모아놓고 고난 받을 일과 부활을 말씀하셨습니다. 항상 으뜸이 되지 않으면 직성이 풀리지 않던 베드로는 다 주님을 배반해도 자신은 주님을 배반치 않겠다고 고백했습니다.

이때 예수님께서 "네가 닭 울기 전에 나를 세 번 부인하리라" 고 말씀하심으로 베드로의 배신을 허락했습니다. 그 모습 그대로는 도저히 함께 일을 할 수 없었기 때문이었습니다. 예수님은 베드로에게 실패를 통해서 교훈을 얻게 하셨습니다.

베드로는 실패를 통해서 자신의 한계를 보았습니다. 이상과 현실, 이론과 실제가 다르다는 것을 알았습니다. 주님의 도우심 없이는 자신이 얼마나 무능하고 연약한 존재인가를 뼈아프게 느끼게 되었습니다.

부활하신 예수님은 베드로에게 물었습니다.

"요한의 아들 시몬아 네가 이 사람들보다 나를 더 사랑하느냐?"

옛날 같으면 "주님 뭘 걱정하십니까? 제가 주님의 오른팔이 되겠습니다"라고 큰소리를 쳤을 터인데 그의 일관된 그의 고백은 "주여 그러하외다 내가 주를 사랑하는 줄 주께서 아시나이다" 였습니다.

베드로는 실패를 통해서 주님의 은혜가 얼마나 큰 것인가를 체험했습니다. 베드로는 평생동안 닭만 울면 무릎을 꿇고 자신의 부족함을 회개하고 주의 도우심을 구했다고 합니다.

베드로는 실패를 통해서 자신이 예전에 보지 못하던 넓고 큰 세계를 보았습니다. 주님의 세계가 보이기 시작한 것입니다. 하나님의 크고 넓은 세계를 보면 겸손해집니다. 주님을 더욱 더 의지하게 됩니다. 마땅히 두려워해야 할 분이 누구인가를 알게 됩니다.

하나님은 사도 바울에게도 많은 실패를 허락하셨습니다. 부활의 주님을 만나 변화 받은 후 14년 동안 실패자 같이 기다리도록 하셨습니다. 이를 통해서 13권의 성경을 기록하는 하나님의 사람으로 세워졌습니다.

바울은 '눈의 가시를 제거해 달라' 는 기도의 응답을 받는 일에 실패했습니다. 그를 더욱 더 겸손케 하기 위함이었습니다. 마가의 허물을 놓고 바나바와 분쟁하는 실패를 허락하셨습니다. 이 일은 바울을 용납하는 하나님의 사람으로 만드시기 위함이었습니다.

아시아에서 또는 많은 곳에서 복음을 전하다가 좌절과 낙심할 수밖에 없는 고통을 허락하신 것은 주님만 더 의지하도록 하기 위함이었습니다(고후 1:8~9). 아덴에서 복음 전파에 실패케 허락하신 것은 그로 오직 예수 그리스도만을 전하게 하기 위함이었습니다.

우리 삶에 햇빛은 절대적으로 중요합니다. 그러나 햇빛이 아무리 좋아도 항상 햇빛만 내리쬐면 사막이 되어 버립니다. 햇

빛과 적당한 비가 함께 필요하듯이 우리 삶에는 성공과 함께 실패도 필요합니다.

때를 기다리라

성경은 "하나님의 행하시는 일을 보라 하나님이 굽게 하신 것을 누가 능히 곧게 하겠느냐"(전 7:13)라고 묻고 있습니다. 하나님께서 높이시면 낮출 자가 없고, 하나님께서 낮추시면 높일 자가 없습니다.

하나님은 우리에게 형통함과 곤고함을 번갈아 주십니다. 썰물 뒤에는 반드시 밀물이 다가옵니다. 밤이 지나면 아침이 밝아 옵니다. 겨울이 가면 봄이 옵니다.

그렇기 때문에 형통한 때는 기뻐하고, 곤고한 때는 나 자신을 돌아보는 기회로 삼아야 합니다. 우리는 형통함만 하나님의 은총으로 받아 들일 것이 아니라 실패도 하나님께서 허락하신 은총의 한 부분으로 겸손히 받아 들여 비록 실패했을지라도 실패를 통해서 이루어질 성숙함을 소망해야 합니다.

조급한 마음에 서두름은 금물입니다. 서두르면 문제를 더 어렵게 만듭니다. 하나님께서 정하신 때를 기다리며 하나님께서 일하시기까지 묵묵히 준비해야 합니다.

채소는 씨를 심고 몇 개월이면 먹을 수 있지만 열매를 얻는데는 시간이 필요합니다. 사과나무를 심으면 5년 후에 열매를 맺습니다.

　그래서 그 나무는 아무런 열매도 없이 네 번의 모진 겨울을 이겨내고, 네 번의 봄을 안타깝게 보내고, 네 번의 더운 여름을 잎새들과 함께 땀을 흘려야 하고, 네 번이나 결실의 가을을 부끄워해야 합니다. 그러다가 때가 되면 마침내 사과나무는 열매를 맺습니다.

　그러면 사과는 어떻게 익습니까? 사과는 그저 해 아래 가만히 달려 있을 뿐입니다. 조그만 푸른 사과는 하룻밤 동안에 익는 것이 아닙니다. 다른 조그만 사과들보다 빨리 익기 위하여 하룻밤 동안에 온 신경을 바짝 조이고, 눈을 치켜뜨고, 어금니를 악물고 노력한다고 해도 그 조그만 사과는 그 다음날 아침에 기적적으로 크고 빨갛게 익은 맛있는 사과로 변하지 않습니다.

　어린아이가 태어나 자라는 것과 같이, 장미꽃이 피는 것과 같이 우리의 참 자아가 태어나 성숙하는 일도 하나님의 시간이 되어야 합니다. 우리는 하나님을 기다려야 합니다. 우리는 하나님께서 우리 안에서 행하시는 숨은 역사를 신뢰해야만 합니다.

사람들은 고난을 통해 인생을 배우며
성숙해집니다. 그리스도인들이 당하는 고난은
하나님을 아는 지식의 깊이를 더해 줍니다.
그래서 하나님께서는 때때로
당신의 자녀들에게 고난을 허락하십니다.
고난 없이 성숙해진 사람을
본 적이 있습니까?

웰빙 크리스천의 겨울

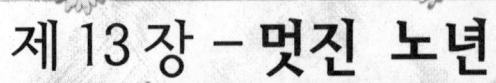

제13장 - 멋진 노년

인생을 살면서 선행의 씨앗 하나
뿌리지 않고 풍성한 열매를 거두려는 것은
이치에 맞지 않습니다. 이기적으로 인생을 살아온
사람의 노년은 쓸쓸함과 허무만이 가득할 것이나
인생을 봉사하며 열심히 살아온 사람은 풍성할 것입니다.

피할 수 없는 죽음

꽃이 봉우리일 때나 만개하여 활짝 피었을 때나, 시들어갈 때, 어느 모습 속에서도 하나님을 향한 독특한 아름다움을 느낄 수 있습니다. 또한 그 순간마다 하나님의 섭리를 보여주는 메시지를 담고 있습니다.

활짝 핀 꽃의 화사함과 수려함을 어디에 견줄 수 있겠습니까? 그러나 그 화려한 자태도 잠시 뿐, 이내 시들어 갈 때는 또 다른 인생의 엄숙한 섭리를 보게 됩니다.

우수(優秀)의 철학자 쇼펜하우어는 인생의 삼대 문제를 제기

했습니다.

"인생아 너는 어디서 왔느냐?", "인생아 너는 무엇을 하느냐?", "인생아 너는 어디로 가느냐?"

이 세 가지 질문에 대하여 한 가지 만은 분명히 대답할 수 있는데 그것은 세 번째 질문이라고 합니다. "인생아 너는 죽음의 길로 가고 있구나"라고 말했다고 합니다.

과학의 발달로 인간의 수명이 점점 늘어나고 있습니다. 그러나 아무리 오래 산다 하여도 어느 누구도 죽음 그 자체를 피할 수 없습니다.

돌아가야 할 인생

인생은 한번 왔다가 돌아가는 것입니다. 마냥 이 세상에 머물러 사는 것이 아닙니다. 하나님의 사람 모세는 기도하기를 "주께서 사람을 티끌로 돌아가게 하시고 말씀하기를 너희 인생들은 돌아가라 하셨사오니…우리의 년수가 칠십이요 강건하면 팔십이라도 그 연수의 자랑은 수고와 슬픔 뿐이요 신속히 가니 우리가 날아가나이다"(시 90:3, 10)라고 했습니다.

한 해가 시작되어 봄인가 싶었는데 곧 여름이 오고, 가을인가 싶었는데 눈발이 날리는 겨울이 옵니다. 세월은 흐르는 물과 같습니다. 쏜 살같이 지나갑니다.

같은 시간이요, 같은 날이요, 같은 해인데도 사람의 나이에 따라 그 속도가 다르게 느껴집니다. 어린 아이 때는 기어가고, 젊은이 때는 걸어가고, 장년 때는 뛰어가던 세월이 늙으면 날아갑니다.

인생은 정말 빠르게 지나가 버립니다. 머잖아 주님께서 하나님의 나라로 내 인생을 부르실 때가 오게 되며, 내 인생도 돌아갈 날이 올 것입니다.

낙엽을 바라보며

중년기가 가을의 단풍이라면, 노년기는 찬바람에 그 단풍이 하나 둘 떨어지는 낙엽입니다. 우리는 낙엽을 보면서 아름답다고 생각합니다. 우리 인생의 낙엽도 아름다운 것입니다. 낙엽의 떨어짐 뿐 아니라 우리의 죽음도 하나님이 허락하신 것이기 때문입니다.

가을마다 낙엽을 밟는 것은 대자연의 아름다움을 만끽하는 즐거움이기도 하지만 마르고 떨어져 최후를 장식하는 모든 피조물의 숙명을 보는 서글픔도 있습니다. 그러나 낙엽은 우리에게 숭고한 교훈을 남깁니다.

낙엽은 땅에 묻혀 다음 세대를 위한 밑거름이 되어 생명을 전승합니다. 낙엽은 모든 것의 종말이 아니라 새로운 출발을 위한 거룩한 희생입니다.

독일의 대학 교수였던 니콜라이 베르댜예프는 2차 세계 대전

중 나치 독일에 잘못 보여 강제노동 캠프에 수용되었습니다. 매일 유대인들이 죽음의 가스실로 들어갔습니다.

어느 날 독일 군인이 한 여자의 가슴에서 아기를 떼어놓았습니다. 아기 엄마만 가스실로 데려 가려는 것이었습니다. 그 순간 한 수녀가 달려나갔습니다. 그녀는 인자한 기도 소리로 캠프에 널리 알려진 마리아 수녀였습니다. 그 날의 숫자만 채우면 되기 때문에 독일 군인은 마리아의 수녀복을 벗기고 끌고 갔습니다.

베르댜예프 교수는 운 좋게 캠프에서 살아 나왔습니다. 이후 그는 이렇게 간증했습니다. "내가 예수를 믿게 된 것은 누구의 설교나 학설 때문이 아닙니다. 마리아 수녀의 대신 죽는 정신을 보았기 때문입니다. 예수의 십자가를 나는 수용소에서 이 눈으로 보았습니다."

희생 없이 진리가 전달되기 어렵습니다. 죽어서 생명을 이어가는 것은 모든 초목의 대법칙입니다. 그와 같이 자기를 내놓는다는 것은 모든 역사 발전의 대원칙입니다.

우리를 행복하게 하는 것은 내가 무엇을 얻는 것이 아니라 내가 나 자신을 버려서 얻는 열매입니다. 내 것을 더 많이 취하려고 내미는 손은 부끄러울 뿐입니다.

인생을 살면서 선행의 씨앗 하나 뿌리지 않고 풍성한 열매를 거두려는 것은 이치에 맞지 않습니다. 이기적으로 인생을 살아온 사람의 노년은 쓸쓸함과 허무만이 가득할 것이나 인생을 봉사하며 열심히 살아온 사람은 풍성할 것입니다.

노년기의 과제

솔로몬 왕은 말년에 "헛되고 헛되니 모든 것이 헛되도다 사람이 해 아래서 수고하는 모든 수고가 자기에게 무엇이 유익한고"(전 1:2-3)라고 했습니다.

이 세상 것들은 잠시 후면 모두 지나가 버리고 맙니다. 이 세상 것들에 미련을 두면 그것이 지나갈 때 통곡하게 됩니다. 그러나 주 안에 있는 노년기는 결코 황량한 인생의 때가 아닙니다.

겨울이 비바람 눈보라 속에서도 희망찬 봄을 길리워 내듯이 우리들은 노년기를 맞아서도 남은 시간들을 허비함 없이 주님과 돌아갈 나라를 사모하며 그 나라에서의 삶을 준비하며 하루하루를 살아야 합니다. 보이는 것은 잠깐이지만 보이지 않는 것은 영원합니다.

겨울이 오기전에

세상을 떠날 날이 얼마 남지 않음을 느낀 바울은 아들 같이 사랑하는 제자 디모데에게 편지하면서 "겨울 전에 너는 어서 오라"(딤후 4:21)고 했습니다. 바울이 디모데에게 겨울이 되기 전에 오라는데는 이유가 있습니다.

디모데가 에베소에서 로마로 오기 위해서는 배를 타야 합니다. 그런데 겨울이 되면 지중해에 배가 항해할 수 없습니다. 만약 디모데가 서두르지 않는다면 겨울을 지내고 봄이 되어야 로마에 올 수 있습니다. 그 때까지 살아있을는지 기약할 수 없었던 바울로서는 디모데에게 겨울 전에 어서 오라고 재촉하지 않을 수 없었던 것입니다.

매가트니라는 목사님은 미국 동부 지역에 있는 필라델피아와 피츠버그에서 40년 간 목회를 하면서 성도들의 강한 요청에 의해서 매년 10월 중순이 되면 '겨울이 오기 전에 어서 오라' 는 제목의 설교를 하는데 미국 각지에서 그 설교를 듣기 위해 비행기를 타고 몰려든다고 합니다. 무엇 때문에 이런 일이 일어나겠습니까? 그의 책에 실린 그 설교를 읽어보았습니다. 그는 인생길을 보여 주었고, 우리가 참으로 세월을 아껴 해야 할 것들이 무엇인가를 깨우쳐 주었습니다.

마지막 기회

'겨울 전에 어서 오라'는 말은 '기회가 있을 때 하라'는 것입니다. 범사에 때가 있습니다. 씨를 뿌릴 때가 있고 거둘 때가 있으며, 쉴 때가 있고 일할 때가 있습니다.

기회는 사람을 기다려 주지 않습니다. 기회는 붙들어야 합니다. 우리가 경험하듯 기회를 놓치고 나면 그 일은 더욱 아깝고, 놓친 고기가 더 커 보이듯 후회 또한 큰 것입니다.

바울은 "세월을 아끼라"(엡 5:16)고 말씀하고 있습니다. 이 말씀은 '기회를 사라'는 의미를 지니고 있습니다. 노년기는 교회를 위해 충성하고, 다른 사람들을 위해 봉사하고 희생할 수 있는 마지막 기회입니다.

부흥사 이성봉 목사님은 '인생 사시절'이라는 노래를 지어 인생의 일생을 소년 소녀시대, 청년시대, 장년시대, 그리고 노년시대로 구별하여 읊은 일이 있습니다. 그 마지막 절은 이러합니다.

"백발노인 부로들아 엄동의 설한이 왔어요
일생향락 좋다해도 바람잡이 뿐이요
험한 세월 고난풍파 일장춘몽이로다

예수생명 소유한 자 영원무궁 살리라"

시작이 있으면 끝이 있는 법입니다. 마지막 심판을 앞두고 있는 노년기에는 세월을 아껴야 합니다.

시편 기자는 "주의 궁전에서 한 날이 다른 곳에서 천 날보다 나은즉 악인의 장막에 거함보다 내 하나님 문지기로 있는 것이 좋사오니"(시 84:10)라고 고백했습니다.

인생의 겨울이 오기 전에 마지막을 아름답게 장식하기 위해서는 세상에서 천 날을 사는 것보다 하나님 안에서 하루를 사는 것이 귀하다는 사실을 깨달아야 합니다.

헛되지 않은 일

앗시스의 성자 프랜시스가 산중 깊은 곳에 가서 기도하다가 눈오는 겨울날이 되었습니다. 결혼도 하지 않고 외로이 사는 수도사인지라 그 외로움을 달래기 위해서 하얀 눈뭉치를 데굴데굴 굴려서 예쁘장한 여자 눈사람 하나를 만들어 놓았습니다.

그리고 그것을 아내라고 했습니다. 또 눈뭉치를 굴려서 아들과 딸을 만들어 놓고 하루를 그 눈사람과 가족과 함께 즐겁게 지냈습니다. 그러나 그 다음날 찾아와 보니까 쨍쨍 내리쬐는 태양볕에 모두 흉하게 녹아버리고 말았습니다. 인생도 그런 것입니다.

눈이 오면 아이들은 눈사람을 만들어 놓고 좋아합니다. 그러나 어른들은 눈사람을 만드는 헛된 수고를 하지 않습니다. 마찬가지로 신앙이 장성한 사람은 고귀한 인생을 낭비하지 않습니다.

우리 인생을 돌아보면 헛된 것 뿐입니다. 일평생 근심하며 수고한 것들이 헛되어 마치 바람을 잡으려는 것과 같습니다(전 1:14). 그러나 헛되지 않은 것이 있습니다. 그것은 주안에서 수고하는 것입니다.

바울은 말합니다. "그러므로 내 사랑하는 형제들아 견고하며 흔들리지 말며 항상 주의 일에 더욱 힘쓰는 자들이 되라 이는 너희 수고가 주 안에서 헛되지 않은 줄을 앎이니라"(고전 15:58)

상급을 위하여

주의 뜻이 무엇인지 분별하고 주의 뜻을 이루기 위하여 주 안에서 수고하는 삶을 살아야 합니다. 시간이 있을 때, 걸어 다닐 수 있을 때, 말할 수 있을 때, 내가 할 수 있는 일이 무엇인가를 생각해 보아야 합니다. 그리고 생의 마지막 불꽃을 태워 하늘나라에서 받을 수 있는 상급을 예비해야 합니다.

이제 너무 늦었다고 절망하고 탄식하지 마십시오. 얼마든지 할 수 있는 일들이 많이 있습니다. 그 동안 세상살이에 바빠서 해보지 못했던 새벽기도 참여를 통해 기도하는 일은 개인 뿐 아니라 교회를 위해서 귀한 일입니다. 또한 성도들의 가정을 심방하는 일에 협조하는 일, 교회 청소, 주차장 관리, 폐품 수집, 교회 안내 등의 분야에서 청장년 못지 않는 기능을 발휘할 수 있습니다. 무엇보다 중요한 것은 이 모든 일들을 기쁨으로, 자발적으로 해야 합니다.

바울은 "만일 누구든지 금이나 은이나 보석이나 나무나 풀이나 짚으로 이 터 위에 세우면 각각 공력이 나타날 터인데 그 날이 공력을 밝히리니 이는 불로 나타내고 그 불이 각 사람의 공력이 어떠한 것을 시험할 것임이니라 만일 누구든지 그 위에 세운 공력이 그대로 있으면 상을 받고 누구든지 공력이 불타면 해를 받으리니 그러나 자기는 구원을 얻되 불 가운데서 얻은 것 같으리라"(고전 3:12~15)고 했습니다.

때가 이르면 주님은 만왕의 왕으로, 심판자로서 이 세상에 다시 오십니다. 그 때는 불신자들에게는 심판의 날이지만 주님을 바라보며 충성한 성도들에게는 공로에 따라 상급과 면류관을 받게 되는 날이 됩니다. 우리가 하는 일이 불타 없어지는 공력이 아니라 길이 남는 공력이 되기 위해서는 작은 일 하나라도 주께 하듯이 해야 합니다.

인생의 월동준비

우리는 계절이 바뀌면 그 계절에 맞춰 생활을 합니다. 이와 마찬가지로 인생의 계절이 바뀔 때도 거기에 적응하도록 미리 미리 예비해야 합니다. 겨울이 다가오면 월동 준비를 해야 합니다.

누구나 산천 초목처럼 저절로 우아하게 늙고 싶겠지만 내리막길을 품위 있게 내려올 수 없는 것처럼 아름답게 늙는다는 것이 그렇게 쉬운 일은 아닙니다. 그러므로 인생의 한계를 인정하고 아름다운 죽음을 위해 준비해야 합니다.

삶이 하나님의 은총이듯이 죽음도 하나님의 은총입니다. 성도들은 소망이 없는 자들처럼 죽음 앞에서 두려워 떨지 말고 신앙인으로서의 품위를 지킬 수 있어야 합니다. 그러면 어떻게 이웃집에 놀러 가는 것처럼 여유 있게 죽음을 받아들일 수 있을까요?

삶을 돌아 보기

'당신이 세상을 떠났을 때 사람들이 당신에 대해 어떻게 말하는지 알고 싶다면 스스로 묘비문을 미리 써놓고 거기에 따라 살도록 하라' 는 말이 있습니다. 묘비는 한 사람의 삶의 정수를 표현하고 있습니다.

서울 마포구 합정동 절두산 천주교 순교 성지 바로 뒷편, 옛 양화 나루터에 외국인 선교사 묘역이 자리잡고 있습니다. 이 땅을 땅끝으로 알고 하나님의 지상명령 성취를 위해 한국을 찾아 삶을 마감한 선교사들의 묘지입니다.

아름드리 나무들이 우거져 묘지라기 보다는 공원같은 이곳의 각 묘비에는 선교사들의 생애와 그들의 열정을 보여주는 글들이 새겨져 있습니다.

"주님 길고 긴 여행을 끝내고 이제 나는 안식을 얻습니다"(테일러),

"친구를 위하여 목숨을 버리면 이에서 더 큰 사랑이 없느니라"(젠슨).

"섬김을 받으러 온 것이 아니라 섬기러 왔습니다"(아펜젤러),

묘비명을 읽고 있노라면 새삼 짧은 인생 속에서 가치있는 삶을 살아야 한다는 도전을 받게 됩니다. 때로 삶이 지치고 곤고할 때 이곳에 찾아와 초기 선교사들의 묘비명을 읽으면서 새로운 힘을 얻는다고 고백하는 그리스도인들이 많다고 합니다.

죽음을 초연하게 받아들이기 위해서는 평상시에 죽음이라는 친구와 대화를 나누는 일이 필요합니다. 예를 들어 자신이 죽게 될 나이를 가상으로 정해서 출생부터 무덤에 묻히는 순간까지 삶을 어떻게 살았는지 사색해보고 그것을 묘비명으로 작성해 보는 것입니다. 당신의 묘비에는 어떤 글이 적히기 원합니까?

용서하고 용서받기

우리가 어떠한 모습으로 죽느냐 하는 문제는 살아 남아 있는 사람들에게 오랫동안 지대한 영향을 미칩니다. 그러므로 우리는 떠나기 전에 가슴에 맺힌 것 없이 풀고, 또 풀어주고 가야 합니다.

상처를 많이 받고 살아온 사람일수록 죽음의 사전 준비는 더욱 절실합니다. 교회는 이러한 노인들에게 억눌리고 위협받는 느낌이나 감정 등을 모두 이야기할 수 있는 시간을 마련해야 합니다.

촛불은 다 타고 꺼지기 직전에 마지막 불꽃을 밝게 태우면서 사라집니다. 인간은 죽음을 향해 갈 때 마지막으로 의식을 되찾을 때가 있습니다. 의사들은 유언을 위한 최후의 기회라고 말하기도 합니다. 이 기회를 놓치지 말아야 합니다.

그래서 저는 교인 중 누군가 임종이 가까웠다고 판단될 때 반드시 하는 일이 있습니다. 임종을 앞둔 분의 의식이 아직 남아 있을 때 그의 가족, 친척들을 한 자리에 모이도록 해서 작별 인사를 하도록 합니다.

임종을 앞둔 분에게 가족들을 향해서 마음껏 속 이야기를 하게 하고, 가족들 또한 떠날 사람에게 잘못을 고백할 것이 있으면 하게 하고, 용서를 빌거나 용서해 주도록 권합니다.

저는 이런 시간을 갖고 난 후 노인들이 잠자듯 편안하게 세상을 떠나는 모습을 자주 보았습니다. 용서와 화해는 결박을 풀어주고 심령의 자유함과 평안함을 얻게 하는 일입니다.

죽음을 친구 삼기

죽음을 거부하고 피할수록 우리의 삶은 그만큼 위축되고 피곤해집니다. 죽음을 현실로 받아들여야 합니다. 그것을 무섭고 두려운 것이 아니라 삶의 한 부분으로 받아들여야 합니다. 죽음을 가장 가까운 친구로 삼아야 합니다.

죽음을 두려워 하는 것은 친구를 두려워 하는 것과 같습니다. 죽음을 무서워 하고 두려워 하는 것은 자신의 삶을 무서워하고 두려워 하는 것입니다. 죽음은 종말이 아니라 새로운 시작입니다. 죽음 뒤에 부활이 있고, 영생의 삶이 있습니다.

임종을 위한 기도

인생의 봄과 여름에는 잘 살기 위해서 기도하지만 인생의 가을에 접어들어서부터는 잘 죽기 위해서 기도해야 합니다. 사실 이런 말은 노인들에게 직접적으로 말하기 어려운 점이 있습니다. 세상에서는 물론 교회에서 조차도 죽음에 대해 말하는 것은 조심스러운 일입니다.

그러나 저희 교회에서만큼은 예외입니다. 저는 죽음을 준비시키는 일에 거침이 없습니다. 그것은 우리 그리스도인들에게 죽음은 더 이상 두려움의 대상이 아니기 때문입니다.

현세에 태어난 것이 우리가 맞는 처음 생일이고, 물과 성령으로 거듭나는 것이 우리의 두 번째 생일이라면, 육체의 죽음을 통해 영원한 세계에 태어나는 일은 우리의 세 번째 생일이 됩니다.

잘 죽는 것은 그리스도인들이 부르심을 받은 선한 일 가운데 하나입니다. 우리가 마지막 초청에 응하기 위하여 기도한다면 분명 우리의 죽음은 다른 사람들에게 소중한 선물이 될 것입니다.

제 14 장 - 노년기의 과제

앙상한 겨울 나무가 외롭게 보이듯
인생의 겨울인 노년도 외로움의 시기입니다.
인간 관계에 있어서 노년기는 현격히 교제하는 사람의 수가
줄어듭니다. 결혼한 자식들은 집을 떠나게 되고,
가지고 있던 직업에서의 역할 상실과 경제적 수입의 중단으로
인간관계는 점점 줄어듭니다.

깊은 영성을 위하여

하나님은 각 계절을 통해 우리에게 은총을 베풀어 주십니다. 만물이 약동하는 봄은 생각만 해도 좋습니다. 온갖 열매가 풍성하고, 휴가가 있고, 수영을 즐길 수 있는 여름도 말할 수 없이 좋습니다. 그리고 원색의 물감을 뿌려놓은듯한 낙엽의 가을도 너무 좋습니다.

그런데 겨울은 어떻습니까? 대개 사람들은 겨울을 통해 주시는 하나님의 은총을 잘 생각하지 못합니다. 우리는 어렵지 않게 "하나님께서 봄을 만드시고, 여름을 만드시고, 가을을 만드

셨다"라고 말할 수 있습니다.

그러나 겨울에 대해서는 그렇게 말하기 어렵습니다. 겨울에 하나님의 사랑을 보기는 쉽지 않습니다. 겨울에는 동물과 사람 모두 많은 고통을 겪습니다. 그러나 겨울도 하나님께서 만드신 것입니다.

스위스와 같이 눈이 많은 나라에서는 겨울만 되면 온 천지를 뒤덮는 눈은 골치 덩어리였습니다. 그러나 스키가 개발되면서 눈은 골치 덩어리가 아니라 돈 덩어리로 바뀌어졌습니다. 요즘은 스키나 스케이트 등 겨울 스포츠로 인해 겨울을 좋아하는 사람들이 많아졌습니다.

하지만 겨울은 분명히 힘든 계절입니다. 더구나 가난한 사람들에게 있어서 겨울은 고통스러운 계절이 아닐 수 없습니다. 그러나 겨울은 나름대로 우리 인간에 대한 임무를 지니고 있습니다. 우리가 겨울이 우리에게 주는 영적인 유익을 생각할 수 있다면 우리 인생의 겨울을 보내기 한결 수월할 것입니다.

창조자 하나님을 찾으라

겨울에 접어들면 찬바람이 불면서 나뭇잎이 가지에서 떨어져 나갑니다. 잎이 떨어져 나갈 때마다 지난날 무성한 잎으로 가려져 있던 나무의 가지들과 결점들이 하나 둘 씩 드러나기 시작합니다.

사람들이 젊을 때는 자신의 참 모습을 보지 못합니다. 학위나 재산, 건강, 혹은 미모와 같은 표면적이고 일시적인 것들로 꾸며진 자신을 자신의 참 모습으로 생각합니다.

하지만 우리의 인생은 언제나 여름이 아닙니다. 하나님께서는 우리 인생에도 겨울이 다가오게 하십니다. 직장을 잃고, 경제적인 능력을 잃고, 건강을 잃고, 배우자를 잃어버릴 수도 있습니다.

고난의 찬바람을 맞으며 푸른 잎이 하나 둘 떨어지고 나면 그동안 외적인 것들로 가리워졌던 우리의 수많은 결점과 약점과 불완전함이 적나라하게 드러나고 그 때 비로소 나의 모습을 발견하게 됩니다.

나를 아는 지식은 하나님을 아는 지식으로 이어집니다. 사람이 대단한 것 같아도 인간은 흙으로 지음 받은 연약하고, 유한하고, 허무한 존재이며 죄로 얼룩져 있습니다.

참으로 나를 알게 될 때 그 영혼은 겸손히 진정으로 창조자 하나님을 찾게 됩니다. 하나님은 교만한 자를 물리치십니다. 그러나 겸손한 자에게 은혜를 베푸십니다.

주께로 더 가까이

오래 전 L.A 타임지에 84세된 어느 할머니의 편지가 소개된 적이 있었습니다. 그 할머니의 편지는 이렇게 시작되었습니다.

"나는 외롭습니다. 나는 편지를 쓸 수 없기 때문입니다. 내 편지를 받을 대상이 없기 때문입니다. 내 아파트에는 아무도 찾아오는 사람이 없습니다. 내 생일을 기억해 주는 사람도 없습니다. 그래서 나는 우체국을 향하여 이 편지를 씁니다."

이 할머니의 편지 속에는 우표 몇 장과 1달러가 들어 있었습니다. 편지는 이렇게 계속되었습니다. "이 편지를 받는 분이 저에게 편지를 써 주실 수는 없습니까? 이 편지를 받는 분이 저에게 전화를 걸어 주실 수는 없습니까?"

앙상한 겨울 나무가 외롭게 보이듯 인생의 겨울인 노년도 외로움의 시기입니다. 인간 관계에 있어서 노년기는 현격히 교제하는 사람의 수가 줄어듭니다. 결혼한 자식들은 집을 떠나게 되고, 가지고 있던 직업에서의 역할 상실과 경제적 수입의 중단으로 인간관계는 점점 줄어듭니다. 그러면서 부부 중심의 삶이 시작됩니다.

주변의 친척이나 친구들이 하나 둘씩 떠나가고, 심지어 배우자가 세상을 떠나기도 하면서 인간 관계의 줄이 끊어집니다. 이러한 인간 관계의 끈들이 단절될 때마다 노년의 외로움은 깊어집니다.

그러나 이 때 말씀을 읽고 기도하는 생활로 인간적인 외로움을 영적으로 승화시키며 살아가는 사람은 계속 내면 세계를 향해 나아가게 되고 하나님의 세미한 음성을 들을 수 있는 깊은 영성을 가질 수 있게 됩니다. 그 때 비로소 "겉사람은 후패하나 우리의 속은 날로 새롭도다"(고후 4:16)라고 고백할 수 있을 것입니다.

죽기 전에 주시옵소서

잠언 편집자 중의 한 사람인 아굴은 두 가지 일을 주께 구하면서 "나의 죽기 전에 주시옵소서"(잠 30:7)라고 요청했습니다. 그가 구한 두 가지는 무엇이었습니까?

"곧 허탄과 거짓말을 내게서 멀리 하옵시며 나로 가난하게도 마옵시고 부하게도 마옵시고 오직 필요한 양식으로 먹이시옵소서 혹 내가 배불러서 하나님을 모른다 여호와가 누구냐 할까 하오며 혹 내가 가난하여 도적질하고 내 하나님의 이름을 욕되게 할까 두려워함이니이다"(잠 30:8~9)였습니다.

첫 번째 기도는 하나님 앞에서 바르게 살고자 하는 신실한 태도로서 모든 사악함과 위선을 거부하는 것입니다. 두 번째 기도는 물질적으로 많고 적음에 따라 나타나는 교만한 태도와 죄의 유혹에 끌림을 배격하고자 하는 것입니다. 이는 죽는 날까지 정직한 믿음을 가지고 세속의 욕심에 초연함으로 하나님을 영광을 드러내며 살고자 했던 아굴의 신앙고백이었습니다.

이 시대를 살아가는 모든 그리스도인들에게, 특히 삶을 아름답게 마무리해야 할 사람들에게 아굴의 인생태도가 요청됩니다. 아굴의 기도는 우리가 평생토록 하나님 앞에 가는 그 날까지 계속해야 할 값진 기도입니다.

후회없는 삶을 위해

사람은 죽기 전에 세 가지 후회를 한다고 합니다. 첫째는 '좀 더 참을 걸', 둘째는 '내 도움을 필요로 하는 사람들에, 내 눈앞에 있는 사람들에게 좀 더 주었으면 좋았을 것을 내가 너무 인색했다', 셋째는 '좀 더 귀한 일을 할 수 있었을텐데' 입니다.

부부가 결혼하여 오래 살다보면 서로를 당연한 존재로 여기고 등한히 할 수 있습니다. 서로의 존재가 얼마나 귀한 줄 모르고 지냅니다. 얼마 남지도 않은 삶을 살면서도 서로 옥신각신 다투며 평생 원수처럼 지내는 노부부들이 많습니다.

그러다가 누군가 먼저 세상을 훌쩍 떠나가 버린다면 그 허전함은 말로 다할 수 없습니다. 살아있을 때 '좀 더 참을 걸, 좀 더 잘해 줄 걸, 좀 더 사랑할 걸' 하고 후회해봐야 아무 소용이 없는 것입니다.

우리 현실에서는 아내보다 남편의 후회가 더 클 것입니다. 남편들에게 두 가지를 요청하고 싶습니다.

괴롭게 하지 말라

우리 나라 속담에 "암탉이 울면 집안이 망한다"는 말이 있습니다. 세상이 변했습니다. 여성들이 깨어났습니다. 그럼에도 여전히 남성우월주의에 사로잡혀 있는 사람들이 있습니다.

주 안에서는 남녀의 차별이 없습니다. 그리스도인들은 이런 속담을 생각 없이 써서는 안됩니다. 하나님은 그 암탉을 창조하셨습니다. 또 울도록 창조하셨습니다. 남존여비 사상은 철저하게 비성경적입니다.

우리 나라 뿐 아니라 역사적으로 어느 나라 어느 민족이건 사람들은 오랫동안 여자를 무시하고 살았습니다. 아내를 무시하고, 아내를 화풀이 대상으로 여겨 함부로 합니다. 아내는 나의 일부입니다. 그러므로 자기 아내를 등한히 하는 사람은 결과적으로 자기 자신을 등한히 하고, 자신의 절반을 잃어버리고 산 것과 같습니다.

얼마 전 일본 에히메대학 의학부 연구팀이 마쓰야마시 부근의 한 농촌을 중심으로 60~84세 이상의 노인 3,136명을 4년 반 동안 추적 조사한 뒤 일본 공중위생보건학회에 보고한 연구 결과에 따르면 남자는 부인이 없는 경우의 사망률이 부인이 있는 경우보다 79퍼센트나 더 높았고, 반면 여자의 경우에는 오히려 남편이 있는 경우의 사망률이 남편 없는 경우의 사망률보다 55퍼센트 더 높았습니다.

남자는 아내가 있어야 오래 살고, 여자는 남편이 없어야 오래 산다는 결론입니다. 참으로 아이러니한 사실입니다. 남자들로서는 침통한 마음을 갖지 않을 수 없습니다. 이러한 연구 결과가 주는 메시지는 남편들에게 '아내를 괴롭게 하지 말라' 는 것입니다.

바울은 "아내를 괴롭게 하지 말라"(골 3:19)고 말씀하고 있습니다. 이 말씀은 '아내에게 육체적 폭행을 가하지 말라' 는 뜻 외에도 '아내로 하여금 짜증나게 하지 말라' 는 의미를 담고 있습니다.

한국 여성의 전화의 보고에 의하면 상담 전화 중 약 35퍼센트 정도가 남편의 구타로 인한 전화라고 합니다. 어느 연구원은 4명 중 1명의 여성이 가정 내에서 남편에게 구타를 당하고 있다고 했습니다. 남편들은 아내에게 무조건적인 복종을 요구하기 앞서 아내를 사랑하며 괴롭게 하지 말아야 합니다.

귀하게 여기라

언젠가 TV에서 할아버지와 할머니들이 나와서 퀴즈를 알아맞추는 프로그램을 본 적이 있습니다. 한 할머니가 '천생연분'이라는 단어를 설명하느라고 애쓰다가 "우리 사이요, 우리 사이"라고 외쳤습니다. 순간 할아버지는 '원수!' 라고 힘차게 대답했습니다. 방청객들이 웃음을 터트렸습니다.

당황한 할머니는 "아니 그게 아니구요 네 글자예요, 네 글자" 라고 설명했습니다. 잠시 생각하던 할아버지는 "평생 원수!"라 고 자신 있게 대답했습니다. 또 다시 폭소가 쏟아졌습니다.

TV를 보고 있던 저도 웃음을 터트렸습니다. 서로 사랑하며 일평생을 살면서도 직접적으로 사랑을 표현하는 법이 서툴고 어색했던 우리 부모님들의 모습이요, 어느 한편으로는 저의 모 습같이 여겨졌습니다.

우리는 내일을 기약할 수 없습니다. 성경은 인생의 허무함에 대해 말씀합니다.

"내일 일을 너희가 알지 못하는도다 너희 생명이 무엇이뇨 너희는 잠깐 보이다가 없어지는 안개니라"(약 4:14),

"모든 육체는 풀과 같고 그 모든 영광이 풀의 꽃과 같으니 풀 은 마르고 꽃은 떨어지되 오직 주의 말씀은 세세토록 있도다" (벧전 1:24~25)

우리 인생은 잠시 보이다가 사라지는 아침 안개와 같고 한 때 무성하다 시드는 풀과 같습니다. 어느 날 갑자기 세상을 떠나 게 되는 것이 노년기의 삶입니다.

믿음과, 소망과, 사랑, 이 세 가지는 모두 귀한 것이지만 그 중에 제일은 사랑입니다. 사랑보다 귀한 것이 없습니다. 노인 기를 살아가는 분들은 서로를 귀히 여기고 적극적으로 사랑하 며 살아야 합니다. 우리가 사랑할 수 있는 시간이 그리 많지 않 습니다.

노년의 건강관리

이 세상을 살아가는데 가장 괴로운 것 세 가지는 아픔과, 늙음과, 죽음입니다. 이것은 노인기에 직면하게 되는 것들입니다. 누구나 오래 살기를 원하지만 건강하지 못하면 오래 사는 것이 결코 복이 되지 못합니다.

어느 때이건 건강이 중요하지 않은 때가 없지만 특별히 노년기에는 건강에 유의해야 합니다. 병들고 아픈 노년기는 한없이 외롭고 서러운 시기가 될 것입니다.

고령자들의 특징

세계에서 국민 평균 수명이 가장 높은 나라는 일본이라고 합니다. 2002년 9월 10일 일본 후생성 집계에 따르면 100세 이상 장수자는 1만 7,934명이었습니다. 이중 여성이 전체의 84퍼센트인 1만 5,059명이었습니다. 최고령자는 2001년 기네스북에 오른 혼고 가마토 할머니로 2002년 8월 16일로 115세가 되었습니다.

국제적으로 80세 이상의 고령자가 지역 인구의 1퍼센트 이상인 곳을 장수촌이라고 하는데, 일본에서 장수촌으로 소문난 곳이 오끼나와 나하시입니다. 최근 의사들이 오끼나와 나하시의 80세 이상 고령자들을 직접 방문해 진료를 했습니다. 그 결과 다음과 같은 여섯 가지 특징을 발견할 수 있었습니다.

첫째, 장수 가문의 혈통이었습니다. 둘째, 8할은 여성으로 모두 결혼해서 자녀들을 갖고 있었습니다. 셋째, 생활정도는 중산층이 가장 많았습니다. 넷째, 특별한 병이 없고 또 병이 있어도 예사로 알고 지내며 살아갑니다. 다섯째, 산과 바다에 이웃해 살고 있습니다. 여섯째, 먹는 것은 평범한 감자, 야채, 두부, 돼지고기, 생선 정도였습니다.

우리 나라에도 장수촌이 군단위로 42개소나 된다고 합니다. 역시 바다와 산간지역에 많이 분포되어 있습니다. 특히 남해와 지리산 주변이 많습니다. 자연만한 명의도 없습니다.

운동과 음식

노인이 되면 기력이 달려 자꾸 드러눕고 싶어집니다. 그러나 몸을 사용하지 않으면 그만큼 빨리 쇠약해집니다. 어떤 사람은 80세가 되어도 젊고 활기 있게 보이는가 하면, 어떤 사람은 40세에도 노인처럼 늙어 보이는 사람이 있습니다. 운동을 꾸준히 하면 노년기에도 신체 기능 면에서 젊음을 유지할 수 있습니다.

노인이 되면 폐활량과 혈액활동의 약화로 산소 흡입이 부족합니다. 산소가 부족하면 뇌의 기능이 약화되고, 이어서 영적, 정신적, 감정적 기능이 모두 약화됩니다. 따라서 노인들에게는 산소를 많이 마실 수 있는 걷기운동이 효과적입니다.

노인들은 약해지는 체력에 알맞은 운동을 찾아 꾸준히 지속적으로 해야 하는데 요가, 온수 목욕법, 안마, 지압법, 낮은 산 등반과 같이 몸에 무리를 주지 않는 운동이 적합합니다.

또한 건강 유지에 필요한 기본적인 영양을 섭취해야 합니다. 매일 정해진 시간에 즐거운 마음으로 오래 씹으면서 식사하되, 설탕과 소금 및 동물성 지방은 적게, 곡식, 콩, 과일, 요리하지 않은 채소와 같은 알카리성을 많이 섭취하면 성인병을 예방할 수 있습니다.

섬유질이 많은 김, 미역도 좋고, 커피나 차 혹은 청량음료 대신 맑은 생수를 하루 여덟 컵 이상 마시면 세포의 노화 속도를 늦추게 됩니다. 암을 유발할 수 있는 너무 뜨거운 음식이나 불탄 음식, 또는 상한 음식은 아까워도 먹지 말아야 합니다. 그리고 사망을 재촉하는 과식을 피하도록 습관을 들여야 합니다.

공자는 건강 비법이 정결한 식사와 정결한 생활을 신조로 삼음에 있다고 했습니다. 또한 군자의 삼계, 즉 청년기에 금욕, 장년기에 절제, 노년기에 무욕을 실천함에 있다고 했습니다. 운동과 음식물도 중요하지만 거기에 못지 않게 중요한 것이 삶의 자세입니다.

긍정적인 삶의 태도

'인명은 재천' 이라는 말이 있습니다. 우리 삶에는 우리가 어떻게 할 수 없는 영역이 있습니다. 우리 선조들은 지혜롭게도 이러한 사실을 인정하며 살았습니다.

우리가 섭리에 순응하며 살아야 할 것은 인간의 생사화복을 주장하시는 분은 하나님이시기 때문입니다. 하나님의 부르심을 받을 날이 가까운 노년기에는 더욱 하나님께 맡기고 살아가는 삶의 자세가 요구됩니다.

이와 관련된 흥미로운 연구 결과가 있습니다. 미국 심리학회가 발간하는 〈성격과 사회심리학〉 2002년 8월호에 실린 예일대 연구팀의 보고에 따르면, 혈압이나 콜레스테롤 수치를 낮추는 것보다 나이 먹는 것에 대해 긍정적으로 생각하는 것이 오래 사는데 더 중요한 원인이라는 것이었습니다.

확실히 긍정적인 태도는 우리 삶에 유익을 가져옵니다. 그러므로 노인기의 그리스도인들은 규칙적인 새벽 기도의 생활, 주야로 묵상하는 생활, 긍정적이고 적극적인 생활을 함으로써 전인건강을 누려야 하겠습니다.

세상을 아름답게

　겨울의 멋은 눈입니다. 눈을 보고 싶으면 강원도에 가면 됩니다. 그곳에서는 거의 언제나 눈을 볼 수 있습니다. 하얀 눈으로 뒤덮여 있는 산들을 바라보면 자연의 신비감에 도취됩니다.

　눈이 내리면 세상의 온갖 더러운 것들을 다 덮어 희고 아름다운 세상이 됩니다. "너희 죄가 주홍 같을지라도 눈과 같이 희어질 것이요"(사 1:18)라는 주님의 말씀이 생각납니다.

　황량한 겨울이지만 한편으로 겨울이 푸근하게 느껴지는 것은 솜과 같은 눈이 있기 때문일 것이고, 매서운 겨울이 따뜻하게 느껴지는 것은 온정 때문일 것입니다.

겨울의 임무

　연말 연시가 다가오면 거리엔 자선 냄비가 등장합니다. 다정하게 팔장을 낀 채로 다가와 헌금하고 가는 연인들, 바쁜 듯 갔다가 되돌아와 모금함에 지폐를 넣고 가는 직장인들, 배낭을 멘 학생들⋯ 이들의 손길에서 나온 온정이 자선 냄비를 가득 채웁니다.

소외된 이웃이 연말에만 어렵겠습니까? 그러나 평상시보다 연말 연시에 자선 활동이 활발한 것을 보면 찬바람이 불어야 이웃을 생각하는 마음이 우러나는 모양입니다. 이런 점에서 겨울은 이웃을 생각하게 하는 임무를 수행하고 있다고 할 수 있습니다.

기부문화

우리 인간은 사랑이신 하나님의 형상과 모양을 닮은 존재로 지음을 받았습니다. 그래서 인간 본성은 선을 추구하며, 선을 행하는 자들에게 박수를 보냅니다. 그렇기 때문에 우리는 자신밖에 모르는 이기주의적인 태도를 보면 마치 뱀을 보는 듯 싫어집니다.

우리 인간 삶의 아름다움은 베푸는데 있습니다. 그리스도인들에게 기부 문화는 이미 신앙 생활을 통해 익숙해져 있습니다. 즉 십일조 생활 등을 통해 기부에 대한 건강한 기초를 닦았습니다. 하지만 기부 수준은 지금보다 좀 더 높아져야 합니다. 소규모 기부는 원활하게 이루어지고 있지만 유산 기부나 장기 기증 등은 아직 미미한 편입니다.

우리 그리스도인들은 예수님께서 "두루 다니시며…가르치시며…전파하시고"(마 4:23), "두루 다니시며 착한 일을 행하시고…고치신 것"(행 10:38)처럼 주님과 이웃을 위해 기꺼이 내어 놓을 수 있어야 합니다. 기부는 하나님의 것을 하나님께 되돌리는 일입니다.

그리스도인의 개인적 선행은 오른손이 하는 일을 왼손이 모르게 해야 합니다(마 6:3). 하지만 교회는 하나님의 영광을 위하여 드러나게 빛을 비추어야 합니다. 세상 사람들이 종종 교회의 사회 봉사나 구제가 부족함을 비판하고 있기 때문입니다. 교회의 주된 역할은 복음을 전하는 일이지만 사회 봉사나 구제도 교회가 해야 할 중요한 일들 가운데 하나입니다.

세상이 교회에 대한 비판 의식을 갖는 것은 그만큼 교회를 향한 기대가 크다는 것을 의미합니다. 따라서 교회는 세상 사람들의 기대에 부응하여 많은 선한 일을 해야 하고 그를 통해 사람들이 하나님 아버지께 영광을 돌릴 수 있어야 합니다.

주님의 이름으로

'재산 상속은 자식들의 재능과 에너지를 망치게 하는 것'이라는 말을 남긴 카네기는 생전에 노동력 착취로 유명했던 철강왕이었습니다. 그러나 그는 사망할 때 재산의 95퍼센트에 해당하는, 요즘 가치로 45억 달러를 사회에 기부했습니다. 석유왕 존 록펠러는 요즘 가치로 54억 달러 상당을 공익 재단에 기부했고, 1996년 사망한 휴렛 패커드의 데이비드 패커드 회장은 20

억 달러의 재산을 기부했습니다.

최근 각종 기부금과 성금이 최고 기록을 세울 정도로 나눔의 문화가 자리를 잡아가고 있는 가운데 교회 내에서도 전례 없이 기부의 바람이 불고 있다고 합니다. 참으로 바람직한 일입니다. 앞으로 교회가 예수 그리스도의 이름으로 선한 일을 하려면 많은 기부가들이 나와야 합니다.

이 일에 그리스도인들이 앞장서야 합니다. 노년의 아름다움은 주는데서 빛이 납니다. 인생은 빈손으로 왔다가 빈손으로 돌아가는 것입니다. 이제 떠날 날이 눈 앞에 다가온 노인들로서는 더 이상 움켜쥐고 있어야 할 필요가 없습니다. 한 달란트 받은 종과 같이 땅에 묻어 두지 말고(마 25:18) 아낌없이 주고 떠날 수 있어야 합니다.

특별히 재산을 가지고 있는 노인 성도들은 자손들에게 상속하려고 하지 말고 교회나 선교단체에 기부하여 주님의 복음 전파와 선한 사업에 쓸 수 있도록 해야 합니다.

"오직 선을 행함과 서로 나눠주기를 잊지 말라 이 같은 제사는 하나님이 기뻐하시느니라"(히 13:16)

제 15 장 - 사후의 세계

봄은 우리 영혼의 교사입니다.
새로운 시작을 우리에게 생생하게 가르쳐 줍니다.
죽은 것 같이 보이던 앙상한 나뭇 가지에서 새순이
파릇파릇 솟아납니다. 죽음도 이와 같습니다.
죽음은 끝이 아니라 새로운 시작입니다. 새로운 시작은
가슴 설레이고 흥분된 일이 아닐 수 없습니다.

죽음이란

죽음은 사람들에게 상실의 슬픔과 고통을 안겨 줍니다. 그런데 성경은 "성도의 죽는 것을 여호와께서 귀중히 보시는도다"(시 116:15)라고 했고 "주 안에서 죽는 자들은 복이 있도다"(계 14:13)고 했습니다.

성도들에게 있어서 죽음은 금기 사항이 아닙니다. 공포의 대상도 아닙니다. 끝도 아닙니다. 슬퍼해야 할 일도 아닙니다. 그러면 성도들은 죽음 자체를 어떻게 받아들여야 할까요?

잠과 같은 죽음

성경을 보면 대개 왕의 죽음을 언급할 때 "그 열조와 함께 자니라"는 표현을 반복하고 있습니다. 다윗은 환란 가운데 있을 때 "나의 눈을 밝히소서 두렵건대 내가 사망의 잠을 잘까 하오며"(시 13:3)라고 했습니다.

스데반의 죽음에 대해서도 "이 말을 하고 자니라… 사울이 그의 죽임 당함을 마땅히 여기더라"(행 7:60; 8:1)고 했습니다. 바울은 "형제들아 자는 자들에 관하여는 너희가 알지 못함을 우리가 원치 아니하노니"(살전 4:13)라고 했습니다.

회당장 야이로의 딸이 죽었을 때 예수님은 피리 부는 자들과 훤화하는 무리를 보시고 "물러가라 이 소녀가 죽은 것이 아니라 잔다"고 하셨습니다(마 9:24). 예수님도 죽음을 잠으로 표현하셨습니다. '잔다'는 표현은 영혼에 대한 것이 아니라 육신을 가리키는 것입니다.

나사로가 죽었을 때도 역시 "우리 친구 나사로가 잠들었도다 그러나 내가 깨우러 가노라"(요 11:11)고 하셨습니다. 그러면 왜 예수님은 처음부터 나사로가 죽었다고 분명하게 밝히시지 않았을까요? 왜 예수님은 나사로의 죽음을 가리켜 '잔다'고만 말씀하셨을까요?

잠은 인간에게 닥칠 수 있는 가장 고통스러운 사건을 완곡하면서도 감동적으로 표현한 말이며, 죽음이 부활로 이어진 다음에 우리가 떠올리기에 가장 적합한 말입니다. 죽음으로써 우리는 소멸되는 것이 아닙니다. 잠든 사람처럼 우리는 누웠다가 다시 일어나게 될 것입니다.

잠을 자는 것과 죽음 사이에는 흡사한 점이 많습니다. 잠자고 있는 사람은 죽은 듯이 보일 수도 있고, 죽은 사람은 잠자고 있는 것처럼 보이기도 합니다. 그래서 호머라는 사람은 잠을 '죽음의 형제' 라고 불렀습니다. 그러면 어떤 점이 비슷한지 생각해 보겠습니다.

첫째로, 휴식을 얻는다는 점에서 비슷합니다. 사람들은 잠을 통해서 정신과 육체의 수고에서 벗어나 휴식을 얻습니다. 마찬가지로 그리스도 안에서 죽은 사람들은 그들의 수고로운 삶을 마치고 주님 품안에서 안식을 얻는 것입니다.

둘째로, 다시 깨어난다는 점입니다. 잠을 잔 후에 사람들이 다시 깨어납니다. 마찬가지로 성도들의 육체는 마지막 날, 주님께서 다시 오실 때 무덤에서 다시 일어나게 됩니다.

셋째로, 생기를 얻는다는 점입니다. 우리가 잠을 자고 나면 피곤이 사라지고 몸에 생기가 나는 것처럼 무덤에 부활한 성도들의 몸은 더욱 훌륭한 상태로 변화됩니다. 썩을 것에서 썩지 아니할 것으로 다시 살며, 욕된 것에서 영광된 것으로, 약한 것에서 강한 것으로, 육의 몸에서 신령한 몸으로 다시 살게 됩니다.

천국으로의 이민

요즘 이민이 늘고 있습니다. 캐나다, 미국, 호주, 뉴질랜드 등으로 이민을 갑니다. 이들 나라는 모두 살기 좋은 나라들입니다. 이민은 살기 어려운 곳에서 살기 좋은 곳으로 이사가는 것입니다.

성경은 "그가 우리는 흑암의 권세에서 건져 내사 그의 사랑의 아들의 나라로 옮기셨으니"(골 1:13)라고 했습니다.

사랑하는 아들의 나라는 어떤 곳입니까? 하나님의 사랑을 받는 아들의 나라입니다. 즉 사랑의 나라, 사랑이 충만한 나라가 사랑의 아들의 나라입니다. 그것이 천국입니다. 그곳은 시기도, 원망도 없는 나라, 서로 사랑하고 서로 위로하며 살기 좋은 나라입니다.

천국에 대해서 기록하고 있는 요한계시록 21장과 22장을 한 번 읽어보십시오.

천국에는 금강석으로 쌓은 성, 열 두 보석으로 터 닦은 성, 열 두 진주문을 열어 놓은 성이 예비되어 있습니다.

하나님의 영광의 빛으로 해와 달이 쓸데없고, 수정같이 맑은 생명수가 주님의 보좌로부터 흘러나 길 가운데로 흐르고 생명수의 강 좌 우편에 생명나무가 있어 열 두 가지 실과를 맺히되 달마다 그 실과를 맺힙니다. 이 영광의 나라가 우리가 장차 이민 가서 살 나라입니다.

고향으로의 회귀

연어는 놀라운 회귀 본능을 가지고 있는 독특한 물고기입니다. 우리 나라 강원도 양양의 경우 남대천에서 깨어난 새끼 연어들이 북태평양의 드넓은 바다로 나가 약 4~5년간 자라다가 70센티미터의 성어가 되면 알을 낳기 위해 정확하게 고향으로 되돌아 옵니다.

우리 인간에게도 회귀 본능이 있습니다. 아이들이 밖에서 재미있게 놀다가도 해가 저물면 서둘러 집으로 돌아옵니다. 가정에는 어머니의 따뜻함이 있습니다. 그래서 어머니는 마음의 고향이라고 합니다. 그러면 우리 영혼의 고향은 어디입니까?

하나님은 우리 인간에게 영원을 사모하는 마음을 주셨습니다(전 3:11). 믿음의 조상 아브라함은 하늘에 있는 더 나은 본향을 생각했기 때문에 약속의 땅 가나안에서는 나그네의 삶을 살았습니다(히 11:16).

이스라엘 백성들은 70년 동안 바벨론 생활을 하다가 기한이 차서 고향으로 돌아가게 되었습니다. 몇 달을 고생하며 가야 하는 길이었지만 그들의 마음은 벌써 고향 땅에 가 있었습니다. 고향에 돌아가면 '내 가족들을 다시 만날 수 있으리라' 는 기대와 흥분에 젖어 있었습니다.

시편 기자는 고향 땅을 향해 발걸음을 내딛는 이스라엘 백성들의 모습에 대해서 "여호와께서 시온의 포로를 돌리실 때에 우리가 꿈꾸는 것 같았도다 그 때에 우리 입에는 웃음이 가득하고 우리의 혀에는 찬양이 찼었도다"(시 126:1~2)고 했습니다.

세상에서는 고향으로 돌아가는 사람의 마음이 꿈꾸는 것 같다면 주님이 계신 영원한 고향으로 돌아가는 우리의 마음은 더욱 설레야 하지 않겠습니까?

우리가 살고 있는 이 세상은 눈물의 땅입니다. 실패의 눈물이 있습니다. 절망의 눈물이 있습니다. 그러나 하늘 나라에는 눈물이 없습니다. 죽음도 없습니다. 이별도 없습니다. 우리는 천국 이야기를 들을 때마다 가슴이 설레어야 합니다. 근심이 가벼워져야 합니다. 천국만 생각하면 세상의 그 어떤 것도 부럽지 않아야 합니다.

완전한 생활의 시작

우리가 추운 겨울을 견디어 낼 수 있는 것은 새 봄을 기다리기 때문입니다. 봄은 우리 영혼의 교사입니다. 새로운 시작을 우리에게 생생하게 가르쳐 줍니다. 죽은 것 같이 보이던 앙상한 나뭇 가지에서 새순이 파릇파릇 솟아납니다. 죽음도 이와 같습니다. 죽음은 끝이 아니라 새로운 시작입니다. 새로운 시작은 가슴 설레이고 흥분된 일이 아닐 수 없습니다.

잠자리는 애벌레 시기에 연못이나 늪의 물 속에서 삽니다. 물 속에서 살 때는 독특한 형태로 꼼지락거리며 헤엄칩니다.

그것이 어느 시기가 되면 물가에 기어 나오고 풀잎에 올라 오랫동안 움직이지 않고 머물러 지냅니다.

그러다가 일정한 기간이 지나면 껍데기가 쪼개지면서 그 곳에서 발이 나오고 날개가 나옵니다. 부지런히 몸을 진동시켜 옛 껍데기를 벗어 버립니다.

그리고 전혀 딴 모양의 날개 달린 잠자리가 되어 푸른 하늘로 자유로이 날아다닙니다. 처음 물 속에 살던 때와는 사는 모양도, 환경도, 생긴 모습도 모두 달라집니다. 이것을 '탈바꿈' 이라 부릅니다.

우리 인간도 육체적 죽음으로 육체를 버릴 때, 존재가 아주 멸절 되는 것이 아니라 변화하는 것입니다. 탈바꿈하는 것입니다. 죽음은 육체의 낡은 옷을 벗어버리고 하나님께서 주시는 새 옷으로 갈아 입고 새 삶을 사는 것입니다.

천국

오리새끼와 병아리를 동시에 부화시켜 호수가에 갖다 놓으면 병아리는 물에 관심을 보이지 않지만 오리새끼는 보자마자 들어가 헤엄을 칩니다. 왜냐하면 오리는 헤엄을 치는 본성을 가지고 태어났기 때문입니다.

하나님의 형상대로 지음을 받은 영적 존재인 인간에는 내세에 대한 본능이 있습니다. 그러나 영적으로 거듭나지 못한 사람들은 막연히 영원한 세계를 그리워할 뿐 그곳이 구체적으로 어떤 곳이고, 또 어떻게 가야 하는지 모릅니다.

미국의 유명한 사업가 앤드류 카네기는 내세에 깊은 관심을 가졌던 사람입니다. 그는 자신에게 내세의 삶에 대해서 만족스럽게 증명해 주는 사람에게 1백만 불의 상급을 주겠다고 했습니다. 그러나 아무도 그에게 만족할만한 답을 주는 사람이 없었습니다.

이후 코네리켓대 심리학 교수 케네스 박사, 덴버의 성 누가병원의 순메이커 박사, 정신과 의사인 엘리자베스 퀴블로 등 여러 사람들이 내세에 대한 연구 보고를 했습니다.

그러나 이런 자료들보다 더 정확한 자료가 있습니다. 바로 성경입니다. 성경은 천국을 우리들에게 정확하게 보여주고 있습니다.

천국은 어떤 곳인가

성경에서 말하는 천국, 또는 하나님의 나라는 장소의 개념에 앞서 하나님의 통치하시는 영역을 의미합니다. 그렇기 때문에 천국은 내세에만 존재하는 것이 아닙니다.

인간이 타락한 이후, 세상은 사탄이 지배하며 왕노릇하는 곳이 되었는데 예수님이 오셔서 이 세상 임금을 쫓아내고 다시 하나님이 통치하는 세상을 만드셨습니다.

예수님은 "내가 만일 하나님의 손을 힘입어 귀신을 쫓아내는 것이면 하나님의 나라가 이미 너희에게 임하였느니라"(눅 11:20)고 하셨습니다. 우리 안에 하나님의 통치가 이루어지면 의와 평강과 희락이 있는 하나님의 나라, 즉 심령 천국이 이루어지는 것입니다(롬 14:17).

사람들은 교회라 하면 건물을 연상하지만 성경에서 말하는 교회는 '성도들의 모임'을 의미합니다. 그러므로 심령 천국을 이룬 성도들이 모여 하나님 아버지를 찬양하고 예배하는 교회는 지상의 작은 천국이라고 할 수 있습니다.

이 세상에서의 천국은 눈에 보이지 않는 관념적 천국입니다. 하나님은 우리에게 천국을 맛보게 하시고 실제적인 천국, 영원한 나라를 사모하게 하십니다. 그러면 우리가 장차 사후에 가게 될 천국은 어떤 곳입니까?

미래에 완성될 천국

예수님은 믿는 자들에게 처소를 예비하면 다시 오시겠다고 약속하셨습니다(요 14:1~3). 하늘 나라를 '천당'이라고 하는데 하늘 '천'(天), 집 '당'(堂)자를 씁니다. 천국은 우리가 들어가 살 집이 있는 곳입니다.

그런데 천국은 아직 완성되지 않았습니다. 예수님은 십자가에서 회개한 강도에게 "오늘 네가 나와 함께 낙원에 있으리라"(눅 23:43)고 하셨습니다. 아브라함을 비롯한 앞서 간 믿음의 선진들은 천국이 완성되기까지 대기소와 같은 낙원에 머물러 있습니다.

성경은 미래에 완성될 실재적인 장소로서의 천국을 새 하늘과 새 땅으로 소개하고 있습니다. 사도 요한이 보았던 천국의 수도인 새 예루살렘은 정사면체의 거대한 성입니다. 사도 요한은 예루살렘 성의 규모에 대해서 말하기를 "그 성은 네모 반듯하여 장광이 같은지라 그 갈대로 그 성을 척량하니 일만 이천 스다디온이요 장과 광과 고가 같더라"(계 21:16)고 했습니다.

1스다디온은 약 180미터입니다. 그러므로 1만 2천 스다디온은 약 2천여 킬로미터가 됩니다. 2천여 킬로미터의 정방형이란

실로 웅대한 모습입니다.

요한계시록에 언급된 천국은 은유적으로 표현되어 있기 때문에 문자적으로 해석하는데는 무리가 있습니다. 하지만 천국은 우리가 상상할 수 없이 크고 넓은 곳인 것은 너무나도 분명한 사실입니다.

또한 요한은 천국의 아름다움에 대해서 이렇게 말하고 있습니다.

"또 내가 보매 거룩한 성 새 예루살렘이 하나님께로부터 하늘에서 내려오니 그 예비한 것이 신부가 남편을 위하여 단장한 것 같더라"(계 21:2)

요한은 장엄하고 황홀한 천국의 모습을 인간의 제한된 언어로 가히 표현할 수 없었습니다. 영적 세계를 설명하는데는 언어에 한계가 있습니다. 그렇기 때문에 비유를 사용하게 됩니다.

여자가 일생 중에서 가장 아름다운 때는 결혼식을 위해 단장할 때입니다. 이것은 예나 지금이나 변함이 없습니다. 그래서 요한은 천국의 아름다움을 '신부가 남편을 위하여 단장한 것 같더라'고 표현했을 것입니다.

요한계시록에 기록된 천국의 모습을 보면 성곽과 건물이 모두 보석입니다. 천국에는 12문이 있는데 문은 모두 진주입니다. 천국의 길은 맑은 유리 같은 정금으로 깔려 있습니다. 거울이 필요 없습니다. 이러한 천국이 바로 우리를 위해 준비되었다는 사실이 놀랍지 않습니까?

천국에는 이 세상에 없는 것이 많습니다. 사망이 없습니다. 이사야는 "거기는 날 수가 많지 못하여 죽은 유아와 수한이 차지 못한 노인이 다시는 없을 것이라"(사 65:20)고 했습니다. 또한 천국에는 애통, 아픔이 없습니다.

그리고 천국에는 해와 달도 없습니다. 해보다 더 밝은 하나님의 영광이 늘 비추고 있기 때문입니다. 천국에는 밤이 없습니다. 잠들 필요가 없는 영체들이 살기 때문입니다. 천국에는 더러운 것, 속된 것, 가증한 것, 거짓말이 존재하지 않습니다. 예수 그리스도의 보혈로 깨끗이 닦은 사람들만이 온 곳이기 때문입니다.

천국으로 들어가는 길

사람들은 막연히 '착한 일을 많이 하면 천국에 갈 것'이라고 생각합니다. 또는 어느 종교이든 잘 믿으면 천국에 들어갈 수 있을 것이라고 생각합니다.

천국의 주인이신 예수님은 천국으로 들어가는 길에 대해서 어떻게 말씀하고 있습니까?

"내가 곧 길이요 진리요 생명이니 나로 말미암지 않고는 아버지께로 올 자가 없느니라"(요 14:6). 여기서 '길'이라는 말은 많은 길 중의 하나가 아니라 '오직 한 길'을 말합니다.

하나님께서는 구원을 얻을 만한 다른 이름을 우리에게 주시지 않았습니다(행 4:12). 오직 예수님만이 천국에 이르는 유일한 길입니다. 예수님은 지금 믿는 자들을 위해 처소를 예비하고 계십니다.

이 세상에서 잠시 나그네로 살아가는 동안 육신의 집이 마련되어도 든든하고 안심이 되지 않습니까? 그런데 성도들에게는 천상에 영원한 처소가 준비되어 있습니다. 이 얼마나 놀라운 은혜입니까?

누구나 마찬가지이지만 특히 노년기에 접어든 성도들은 영원한 처소가 예비되었음을 기뻐하며 살아야 합니다. 비록 이 땅에 발을 붙이고 살고 있지만 우리는 하나님 나라의 시민권자입니다. 우리는 머지 않아 돌아갈 영원한 본향을 사모한다면 마땅히 남은 여생을 죽음 너머의 삶을 준비하는 삶으로 살아야 합니다.

아브라함 헤셀은 "노인들에게는 취미만이 아니라 환상이 요구된다. 노인들에게는 기억만이 아니라 꿈이 요구된다"고 했습니다. 죽음은 잠의 연장입니다. 예수 그리스도로 말미암아 영원한 세계가 보장된 사람들에게는 죽음 너머의 세계는 가슴 설레는 꿈과 환상의 세계입니다.

지 옥

어느 극장에 코미디를 구경하려고 많은 사람들이 모였는데, 그만 화재가 났습니다. 그 때 코미디언이 나와서 침착하게 말을 했습니다. "여러분, 이 극장에서 지금 화재가 발생했으니 빨리 질서 있게 나가 주십시오." 그러자 청중들은 박수를 치면서 참 잘 웃긴다고 즐거워했습니다.

그러자 코미디언이 다시 나와서 심각하게 말했습니다. "아니 여러분, 정말 이 극장에 불이 났으니 빨리 나가셔야 합니다." 그러나 사람들은 여전히 웃기는 말로만 듣고 좋아하다가 많은 사람이 불에 타 죽었다고 합니다.

19세기 말 불가지론자로 유명했던 로버트 잉거솔은 지옥에 대한 강연을 하면서 "지옥이란 순진한 사람들에게 잔뜩 겁을 주기 위해 교활한 신학자들이 만들어 낸 환상에 지나지 않는다"고 했습니다. 오늘날도 교회 안팎에서 많은 사람들이 지옥 교리를 시대에 뒤떨어진 것으로 여기고 있습니다.

지옥이 없다고 주장한다고 해서 지옥이 없어지는 것이 아닙니다. 지옥이 없다고 주장하는 것은 지옥이 없기를 바라는 것뿐입니다. 맹인이 보이지 않는다고 이 세상이 없다고 말한다면 그것이 과연 옳은 말이겠습니까?

지옥은 어떤 곳인가

천국이 아직 이루어지지 않은 것처럼 지옥도 아직 완성되지 않았습니다. 세상을 떠난 악한 자들은 지금 지옥과 방불한 대기소인 음부에 머물러 있습니다.

사실 지옥은 마귀를 가두기 위해서 만든 곳이지 사람들을 위해 만든 곳은 아닙니다(벧후 2:4). 하나님은 사랑이시기 때문에 한 사람도 멸망치 않고 다 구원받기를 원하십니다. 그렇기 때문에 오래 참고 기다리십니다(벧후 3:9).

그러므로 지옥에 가는 사람은 마귀가 갈 곳을 좇아 스스로 멸망을 찾아가는 것입니다. 마치 벼락을 좇아가서 맞아 주고, 쥐를 잡으려고 놓은 덫에 고양이가 걸려 죽는 꼴입니다.

그러면 지옥은 어떤 곳입니까? 예수님은 지옥에 대하여 "거기는 구더기도 죽지 않고 불도 꺼지지 아니하느니라"(막 9:48)고 하셨습니다. 지옥은 유황이 타는 불 못입니다. 음부에 간 부자는 목이 타 물 한 모금만 달라고 아우성쳤습니다(눅 16:24). 그러나 단 한 방울의 물도 구할 수가 없었습니다.

지옥에 간 사람도 변화된 육체를 가지고 있기 때문에 육체의 고통을 당합니다. 이 세상에서는 육체가 고통스러울 때 죽음으로써 그 고통에서 도피할 수 있습니다. 그러나 지옥에서는 죽으려해도 죽을 수가 없습니다. 영원히 살아서 끝없이 고통을 받게 됩니다.

지옥에는 육체적 고통만 있는 것이 아닙니다. 괴로운 육체, 덤비는 구더기, 아무리 발버둥쳐도 들어줄 사람이 없는 고독, 극심한 고통을 당하여도 끝이 없다는 절망, 이 모든 것들이 미치게 만들지만 미쳐지지도 않는 곳이 지옥입니다.

성경에서 지옥을 표현하는 말로서 불 외에 어두움이 있습니다(마 8:12). 지옥은 어두운 곳입니다. '어두움' 이란 하나님의 은혜와 사랑에서 제외된 것을 말합니다. 지옥은 영원토록 하나님의 은총에서 분리된 곳입니다.

그렇기 때문에 예수님은 단호하게 말씀하셨습니다.

"만일 네 오른눈이 너로 실족케 하거든 빼어 버리라 네 백체 중 하나가 없어지고 온 몸이 지옥에 던지우지 않는 것이 유익하며 또한 만일 네 오른손이 너로 실족케 하거든 찍어 내버리라 네 백체 중 하나가 없어지고 온 몸이 지옥에 던지우지 않는 것이 유익하니라" (마 5:29~30)

지옥이 얼마나 무서운 곳이기에 차라리 불구자로 천국에 가는 것이 온 몸이 다 지옥에 던지우는 것보다 더 유익하다고 하였겠습니까?

누가 지옥에 가는가

지옥에 갈 사람을 한 마디로 말하자면 악인인데, 이 악인에 대한 개념이 사람들이 생각과 하나님의 관점이 다릅니다. 하나님 보시기에는 모든 사람이 죄인입니다. 그렇기 때문에 의인은 죄를 안 지은 자가 아니라 하나님께 은총을 구하고 매달리는 자입니다. 반면에 악인은 하나님의 은혜를 거절한 사람입니다.

또한 악인은 천국을 소망하지 아니하고 육신의 정욕과 안목의 정욕, 이생의 자랑을 좇아 사는 사람입니다. 회개가 없는 자이고, 각종 악을 도모하는 자입니다.

사도 요한은 지옥에 가게 될 자들에 대해 이렇게 말씀하고 있습니다. "두려워하는 자들과 믿지 아니하는 자들과 흉악한 자들과 살인자들과 행음자들과 술객들과 우상 숭배자들과 모든 거짓말하는 자들은 불과 유황으로 타는 못에 참예 하리니 이것이 둘째 사망이라"(계 21:8).

천국에는 악이 없습니다. 그러므로 모든 종류의 악은 악의 처리장인 지옥으로 모이는 것입니다. 지옥은 악한 자들이 모여 고통을 당하는 곳입니다.

지옥을 피하는 길

우찌무라 간조는 말하기를 "가난은 서럽다. 불치병은 더 서럽다. 지옥은 더 더욱 서럽다"고 했습니다. 군대에는 제대가 있고, 학교에는 졸업이 있고, 잘못된 결혼에는 이혼이 있습니다. 그러나 지옥에는 제대도 없고, 졸업도, 이혼도 없습니다. 영원한 곳입니다.

그러면 어떻게 지옥을 피할 수 있습니까? 요한은 지옥에 들어가는 것을 둘째 사망이라고 했습니다. 둘째 사망을 경험하지 않으려면 다시 태어나야 합니다. 다시 태어나야 한다는 말은 예수 그리스도를 구주로 믿고 죄를 회개함으로써 영으로 거듭나야 한다는 뜻입니다(요 3:6).

거듭나야만 땅과 하늘, 삶과 죽음, 시간과 영원 세계를 관통하는 법칙을 이해할 수 있고, 캄캄하던 영의 세계가 밝게 드러나고, 이 세상 것들로부터 벗어나 영원한 세계에 참여할 수 있게 됩니다.

1945년 8월 6일에 일본 히로시마에 원자폭탄이 투하되었습니다. 그 때 미국에서는 미리 경고문을 떨어뜨렸습니다.

"시민 여러분, 1945년 8월 6일에 원자탄을 투하할 터인데 10킬로미터 밖으로 도망가십시오. 원자탄이 투하되면 살아남을 자가 없습니다."

그런데 대부분이 믿지 않았습니다. "미국 놈들이 지게 되어서 공갈친다", "30만 명을 죽이는 폭탄이 어디 있어" 하면서 경고를 믿지 않았습니다. 극소수의 사람만이 도망갔습니다. 어떤 사람은 "갈까 말까" 망설이다가 "에이, 두고 보자"고 하다가 죽고 말았습니다.

거짓말이었다면 얼마나 좋았겠습니까? 8월 6일이 되자 서쪽에서 비행기가 나타나 원자폭탄을 투하했습니다. "꽝! 번쩍!" 하는 굉음과 함께 3초 동안에 30만 명이 거의 다 죽었습니다. 왜 그랬습니까? 경고의 말을 듣지 않았기 때문입니다.

제 5 부

1885년 4월 5일 부활절 주일 아침에 복음을 들고 찾아온 미국 선교사 아펜젤러와 언더우드가 인천항에 처음으로 발을 디딘 지 어언 100년의 훨씬 넘는 세월이 흘렀지만 워낙 불교, 유교 문화의 뿌리가 깊어 아직까지 문화적인 영향력을 나타내지 못하고 있습니다.

그런데 불교, 유교, 기독교가 형식적으로는 우리 나라의 종교와 문화를 대표하는 것 같지만 실상은 놀랍게도 우리 나라 사람들의 의식의 밑바닥에는 삼국시대 이전부터 존재했던 토착 신앙인 무속이 자리잡고 있습니다.

무속은 수 천년 동안 잡초처럼 끈질긴 생명력을 가지고 외래종교와 영향을 주고받으면서 우리 나라 사람들의 생사관에 지대한 영향을 끼치고 있습니다. 각 종교 간 뒤얽힘이 심해서 민간에서 행해지는 행위들이 어느 종교에 속한 것인지 일일이 구분하기 어려울 정도입니다.

무속의 세계

무속의 세계는 셋으로 나누어집니다. 산 사람이 살고 있는 이승과 완전히 죽은 영들이 살고 있는 저승과 그 중간에 갓 죽은 망령(亡靈)이 거처하는 또 하나의 중간세계가 있습니다.

사람이 죽어서 혼이 곧장 저승으로 가는 것이 아닙니다. 더욱이 억울하게 죽은 원령(怨靈)들이 그러합니다. 그들은 한번 죽었다고는 하지만 이승에서 산 사람들의 주변을 돌고 있습니다. 그리고 때때로 산 사람들에게 재앙을 가져옵니다. 그렇기 때문에 사람이 죽으면 사령제(死靈祭)를 해서 망령들의 원한을 풀어 저승으로 보내려고 하는 것입니다.

불교와 무교는 저승에 대해 같은 이해를 가지고 있습니다. 외형상의 구조나 기능에 있어서 유사성이 있습니다. 오랫동안 함께 지내 오는 동안 서로 닮게 되었을 것입니다. 그러나 심판에 관해서는 근본적인 차이가 있습니다.

불교는 철저한 인과응보 사상을 가지고 있습니다. 흔히 사람들이 죽어서 천당에 가든기 지옥에 간다고 말하는데 이것은 도교나 불교의 영향으로 후대에 형성된 관념에 불과합니다. 본래 무교에는 이런 개념이 없습니다. 다만 원한 없이 황천(黃泉)을 건너 저승에 가서 평안히 새로운 형태의 삶을 사는 것이 그 전부입니다.

망령이 방황하는 것은 생전에 지은 죄 때문이 아닙니다. 실은 더 오래 살지 못한 원한 때문입니다. 그래서 숨을 거두면 지붕에 올라가 그 사람이 입었던 속옷을 흔들며 '혼 부르기' 초혼(招魂)를 했습니다. 속옷을 흔든 것은 옷에 그 사람의 영혼이 깃든 것으로 이해했기 때문입니다.

죽은 자의 혼을 돌아오도록 하는 것은 죽은 자의 원한을 풀어주기 위해서입니다. 원한이 때로는 인간관계에서 비롯될 수 있습니다. 그러나 여기에서 중요한 것은 죽음 자체에 대한 원한입니다. 사람이란 삶을 뜻합니다. 그러므로 사람에게 죽음이란 언제나 한스러운 것입니다. 그러므로 넋두리로 이 억울함을 풀어주고자 하는 것입니다.

우리 나라 사람들에게 있어서 저승은 이승의 연결입니다. 육신은 땅에 묻혀도 혼은 가족과 한 집에서 더불어 공존한다고 믿었기 때문에 밥도 더불어 먹고 집안에 대사가 있거나 나들이를 할 때면 반드시 그 앞에 고(告)했던 것입니다.

우리 나라 사람들은 사후 세계를 인정하는 문화 속에 살고 있습니다. 저는 어릴 때 귀신 이야기를 들으며 자랐습니다. 시골에서 자란 사람 치고 귀신 이야기할 때 뒷전에 물러설 사람은 없을 것입니다.

어느 시골에서 목사님이 설교 중에 열심히 지옥 이야기를 했습니다. 그런데 엊그저께 믿은 할머니 한 분이 감탄을 하면서 고개를 연방 끄덕거렸습니다. 이 모습을 본 오래 된 젊은 교인이 놀라서 물었습니다.

"할머니, 믿으신지 얼마 안되는데 어떻게 그렇게 잘 알아들을 수 있나요?"

"아니, 이상하네. 나보다 오래 믿은 사람이 이해를 못해서 묻는가? 암 있고 말고. 조상님들이 다 말해 준 것이 아니여? 나는 예수 믿기 전에 이미 지옥과 극락, 천당을 다 알고 있었다고."

"……"

젊은 교인은 할 말이 없었습니다.

사실 지옥 이야기는 우리 나라 사람들에게는 그리 낯선 것이 아닙니다.

절에 가보면 대웅전 옆에 반드시 명부전이나 시왕전이라는 지옥 관련 건물이 있습니다. 거기에는 열 명의 저승대왕(十王)이 불효 죄, 인색 죄, 남 모함 죄, 거짓말한 죄 등 각자 지은 죄에 따라서 죄인을 심판하는 장면이 처참하게 그려져 있습니다.

그 할머니는 불교 또는 도교적인 지옥관을 가지고 기독교의 지옥을 이해한 것입니다. 우리 나라에 복음이 전파될 때 아마 이러한 배경 하에서 사람들이 기독교의 영적 세계를 쉽게 이해했고, 그래서 복음을 잘 받아들였을 것입니다.

그런데 문제는 예수를 믿어도 이러한 옛날의 그 생각이 잘 바뀌지 않아 전통적인 내세관을 가지고 성경을 이해하려고 하는 것입니다. 좀 더 포괄적으로 말하자면 성경적인 관점에서 문화를 이해해야 하는데 우리 문화의 관점에서 성경을 보고 이해하려고 하다보니 변질, 또는 왜곡이 일어나는 것입니다.

무엇이 문제인가

　죽은 자의 영혼이 어느 곳에 가서 사느냐 하는데 대해서는 옛날부터 여러 가지 짐작들이 있었습니다. 일반 세상 사람들 생각에는 죽은 자의 영은 그가 죽은 장소, 혹은 매장된 장소에서 머문다고 여겼습니다. 그래서 무덤을 소중히 여겼습니다.

　죽은 자가 비록 무덤 속에 있더라도 그의 영혼은 그 속에서 자유로 날아 나와 떠돌아다니는 줄로 짐작했습니다. 이집트 사람들은 죽은 자의 영이 낮이면 새가 되어 날아다니고, 밤이면 무덤에 되돌아온다고 여겼습니다.

　한 때 사후 존재에 대한 논란이 벌어졌던 적이 있습니다. 어느 목사님이 '불신자의 영혼이 귀신이 되어 떠돌아 다닌다' 는 그릇된 교리를 주장했기 때문이었습니다. 그것은 우리 나라의 전통적 귀신관과 성경의 귀신관을 혼합시킨 것입니다. 지금은 잠잠해졌지만 분별력 없는 수많은 교인들이 미혹되어 몰려 다녔습니다.

　혹시나 싶어 이 문제를 정리하고 넘어가고자 합니다. 누가복음 16장을 보면 부자와 거지 나사로의 이야기가 나옵니다. 거지 나사로는 죽어서 아브라함의 품에 안기고 부자는 죽어 음부에 가게 되었는데 부자가 고통 중에 아브라함에게 요청했습니다.

　"아버지여 나사로를 내 아버지의 집에 보내소서 내 형제 다섯이 있으니 저희에게 증거하여 저희로 이 고통받는 곳에 오지 않게 하소서." 그 때 그는 거절을 당합니다.

여기서 알 수 있는 사실은 무엇입니까? 불신자의 사후적 존재는 음부라는 옥에 갇혀 있는 것임을 분명히 말해줍니다. 불신자의 사후적 존재가 자기 뜻대로 돌아다니며 귀신 행세를 한다는 근거는 성경에 한 군데도 없습니다. 우리 민간 신앙에서 말하는 귀신과 성경이 말하는 귀신과는 분명한 차이가 있습니다.

무속에 젖은 사람들은 사람이 죽으면 혼(魂)과 백(魄)으로 갈라져 혼은 하늘로 올라가고, 백은 땅으로 내려간다고 믿고 있습니다. 그리고 하늘로 올라간 혼이 거처할 곳을 얻지 못하고 떠돌아다니다가 그 후손들이 정성을 다해 제사를 지내면 죽은 조상의 혼과 백이 연합해서 사후에도 안정된 삶을 지속한다고 믿고 있는 것입니다.

하지만 성경의 입장은 다릅니다. 성경은 제사에 대해 무엇이라고 말합니까? "대저 이방인의 제사하는 것은 귀신에게 하는 것이요 하나님께 제사하는 것이 아니니 나는 너희가 귀신과 교제하는 자가 되기를 원치 아니하노라"(고전 10:20)고 했습니다.

제사는 귀신에게 하는 것입니다. 그러면 귀신의 존재는 무엇입니까? 귀신들은 사후의 영혼들이 아닙니다. 사단의 수하에 있는 타락한 천사들입니다. 사람들이 사후 존재를 믿고 조상을 신으로 섬기는 일은 거짓말쟁이요, 사기꾼인 사단에게 속는 일입니다(고후 11:13~14).

사무엘상 28장을 보면 사울이 접신하는 여인을 통해서 사무엘을 불러들이는 기사가 나옵니다. 성경에는 일률적으로 죽은 혼을 부르는 것은 허용되지 않고 분명하게 금지하고 있기 때문에 이 경우도 마찬가지입니다. 사단이 속임수를 써서 사울로 하여금 사무엘의 혼이 나타난 것처럼 보이게 한 것입니다.

추도예배

조상 제사의 문제는 한국의 관혼상제 의식 중에서 무엇보다도 물의를 일으켜 왔습니다. 조상을 우상으로 섬기는 제사는 기독교 신앙에 위배되는 일입니다. 우리 나라에 기독교가 전래되는 과정에서 제사 문제로 인해 많은 성도들이 수난을 당했고, 아직도 제사 문제가 해결되지 않고 있습니다.

한국 교회는 이런 문제를 막기 위해 종래의 제례 형태를 추도 예식이라고 부르면서 준행하고 있지만 아직까지 기독교적 모델이 정립되지 못한 채 각양각색의 모습을 보이고 있습니다. 추도시에 지방(紙榜)만 붙이지 않으면 제사상을 차려놓고 절을 해도 된다고 가르치는 경우도 있으나 바람직하지 못합니다.

추도라는 것은 부모의 은혜와 부모의 평소에 끼치신 덕과 여러 가지 면을 깊이 생각하여 감사하는 것이고, 예배는 하나님께 드리는 것입니다. 추도예배라고 해서 부모에게 예배드리는 것이 아닙니다. 부모를 통해 내가 존재하게 된 것을 감사하는 것이 추도예배입니다.

세상 떠난 부모를 추도하는 일은 미덕입니다. 하지만 불신자들이 끼어 있는 가정의 경우, 예배를 드릴 때 자칫 구습이나 미신적인 요소가 가미되지 않도록 주의해야 합니다.

그리고 몇 년 동안 추도예배를 드려야 하는가는 어떤 규정이 없기 때문에 가정의 형편에 따라 하면 됩니다. 일반적으로 추도예배는 3년 정도 드리고 그 이상은 가족들이 의논해서 할 일입니다.

풍동의
상수리나무

안도현 지음 | 신국판 | 168면 | 8,000원

일산 신도시의 아파트 숲에 둘러 쌓여 '인디언 보호구역' 같은 풍동에서의
저자 안도현 목사 13년 목회 여정 가운데 틈틈히 적어둔 일기장 같은
진솔한 이야기들이 잔잔한 감동으로 다가온다.
이 책은 풍동지역 개발로 인하여 풍동을 떠나며 특별히 교회와 함께 했던
상수리나무와의 만남과 이별을 서정시처럼 아름답게 그려내고 있다.

죽음,
아름다운 은총

안도현 지음 | 신국판 | 240면 | 8,000원

이 책은 제목 그대로 죽음이 아름다운 은총임을 보여주고 있습니다.
그러므로 죽음에 대한 두려움과 거부감을 가지고 있는 사람이라면 반드시
읽어보아야할 책입니다. 특별히 생활에 어느 정도 여유가 있고자기 삶의
기반이 든든하다고 여기는 분들에게 들려져 읽혀야할 책입니다.
죽음의 두려움을 희망으로, 상실을 소망으로 바꾸어줄 것입니다.